POR QUE A GENTE É DO JEITO QUE A GENTE É?

EDUARDO FERRAZ

POR QUE A GENTE É DO JEITO QUE A GENTE É?

CONHEÇA-SE MELHOR, ENTENDA COMO OS OUTROS AGEM E POTENCIALIZE SEUS RESULTADOS

Planeta ESTRATÉGIA

Copyright © Eduardo Ferraz, 2022
Copyright © Editora Planeta do Brasil, 2022
Todos os direitos reservados.
www.eduardoferraz.com.br

Preparação: Carla Sacrato
Revisão: Juliana Cury e Matheus Valim Cardoso de Sá
Diagramação: 3Pontos Apoio Editorial
Capa: Fabio Oliveira

Dados Internacionais de Catalogação na Publicação (CIP)
Angélica Ilacqua CRB-8/7057

Ferraz, Eduardo
 Por que a gente é do jeito que a gente é?: conheça-se melhor, entenda como os outros agem e potencialize seus resultados / Eduardo Ferraz. – São Paulo: Planeta do Brasil, 2022.
 p. 224

 ISBN 978-65-5535-698-4

 1. Profissões – Desenvolvimento 2. Sucesso nos negócios 3. Mudança organizacional 4. Planejamento 5. Conduta-Trabalho I. Título

 22-1345   CDD 650.14

Índices para catálogo sistemático:
 1. Profissões – Desenvolvimento
 2. Sucesso nos negócios

Ao escolher este livro, você está apoiando o manejo responsável das florestas do mundo

2022
Todos os direitos desta edição reservados à
EDITORA PLANETA DO BRASIL LTDA.
Rua Bela Cintra, 986, 4º andar – Consolação
São Paulo – SP   CEP 01415-002
www.planetadelivros.com.br
faleconosco@editoraplaneta.com.br

Sumário

Prefácio 9

Introdução 11

Parte 1 – A origem – Por que somos assim? 23

1. A força dos instintos 25
Agindo como nossos ancestrais 25
As marcas da evolução 27
Pensando rápido 31

2. Moldando um cérebro saudável 39
A anatomia do cérebro 39
A base estrutural 44
O analfabetismo psicológico 48

3. Genética ou ambiente: o que nos faz ser como somos? 53
A arma e o gatilho 53
Tendência ou destino? 56
O que nos faz únicos 58

4. A psicologia básica e a formação da personalidade 61
Freud explica 61

Construindo a personalidade na prática 65
Quanto você tem de id, ego e superego? 73

5. **A psicologia na gestão de pessoas e negócios** 77
Distorcendo a realidade 77
Razão ou emoção? 82
Prêmio e castigo 87

Parte 2 – A virada – Como melhorar o que somos? 91

6. **Um adulto consegue mudar sua personalidade?** 93
O que muda e o que não muda 95
Pensamentos geram ações 96
O ciclo vicioso 96
O ciclo virtuoso 98

7. **Os três modos de ver o mundo** 103
Três mundos diferentes 104
Teste seu modo de ver o mundo 107
Como viver melhor nos três mundos 113
Aplique seu conhecimento sobre os modelos de mundo 116

8. **As ferramentas do aprimoramento** 119
Os oito tipos de inteligência 119
Uma descrição resumida das oito inteligências 120
QI e QE 124

9. **A Janela de Johari: como nos vemos e somos vistos** ... 131
A arena 132
A mancha cega 134
A fachada 139
O desconhecido 141

10. Como usar melhor o que você já tem 149
    Vamos ao método de ação 151
    Teste de autoconhecimento 152
    Resumo dos dez pontos mais importantes 175

Apêndice 1 – Liderança para alta performance 179
    Cheque o rastro 181

Apêndice 2 – Aplicações práticas da neurociência
    no dia a dia 193
    A neurociência e as diferenças entre mulheres e homens ... 197

Autor pelo autor 203

Agradecimentos 209

Referências bibliográficas 211

Artigos, links e teses 217

Prefácio

Nós, pessoas conscientes, fazemos de tempos em tempos um balanço do que vem acontecendo, e neste momento – fim de 2021 – a situação é bem diferente da de alguns anos atrás, principalmente a partir de 2015, quando o ambiente econômico se transformou.

A forma de fazer negócios mudou com o aporte de capital por fundos de investimentos; com novas tecnologias e com a exigência da aceleração da entrega de resultados. Os modelos organizacionais migraram para formatos ainda mais enxutos, com poucos níveis hierárquicos e com metodologias para rápida ação, tanto no dia a dia quanto na solução das questões de médio e longo prazo.

As pessoas estão muito mais sensíveis, pois precisam se sentir realizadas dentro do próprio trabalho. Perceberam que apenas tempo de casa não enriquece o currículo e, finalmente, decretaram o fim do "manda quem pode, obedece quem tem juízo", substituindo-o por "manda quem pode, mas apenas obedece quem não tem para onde ir!".

Esse contexto que já precedia 2020 foi totalmente acelerado pelo "fator pandemia" e inaugurou-se a etapa do "TUDO PODE", ou seja, é permitido ousar, desafiar, mudar, construir e trilhar rumos diferentes.

Provavelmente fizemos, nesses dois anos, mudanças que levariam pelo menos cinco para serem realizadas, e presumo que esse processo vai continuar cada vez mais rápido!

Eduardo Ferraz, meu amigo de longa data, é especialista em coordenar processos de mudanças e oferece relevante conteúdo para que cada leitor possa definir seu nível de protagonismo na vida, de forma rápida, mas consistente.

A obra foca o autoconhecimento e a potencialização do nosso lado brilhante que, às vezes, fica ofuscado e propõe uma virada, não apenas importante, mas fundamental para não sermos atropelados pelas mudanças que já estão a caminho!

Finalizando, quero deixar registrada minha honra em prefaciar este audacioso trabalho sobre um assunto tão complexo. O livro tem a cara do autor e, se eu fosse resumi-lo em apenas duas palavras, diria que é CORAJOSO e COMPETENTE.

Com muito respeito,

Pedro Mandelli

Mentor, consultor de empresas e de executivos (*counseling*), articulista, autor de alguns livros e professor na Fundação Dom Cabral, atuando nas áreas de processos de mudança, comportamento organizacional, liderança para alta performance e gestão de pessoas.

Introdução

> "Seja sempre uma versão de primeira categoria de si mesmo, em vez de uma versão de segunda categoria de outra pessoa."
>
> Judy Garland

A primeira versão deste livro foi escrita entre 2008 e 2010, época em que ninguém poderia imaginar a gravidade e o impacto causado pela pandemia de covid-19. Entre julho de 2021 e janeiro de 2022, escrevi esta atualização.

O lado dramático desse período é que milhões de pessoas faleceram, ficaram gravemente doentes, ou tiveram a vida impactada por desemprego, falência, interrupção de projetos, distanciamento social e até por outros problemas de saúde, física ou mental, gerados pelo isolamento forçado.

Entretanto, houve avanços importantes. Na medicina tivemos produção de vacinas eficientes em tempo recorde. Na área tecnológica, o uso intensivo de ferramentas proporcionou o trabalho on-line em praticamente todas as áreas. Além das mudanças na vida pessoal e profissional que pouca gente cogitava antes da pandemia, como *home office* em massa, mais tempo para leitura, maior convivência com a família, novas oportunidades de carreira, aprimoramento de habilidades ou a realização de tarefas nunca antes imaginadas.

Além da pandemia, o desafio de atualizar este livro foi também motivado por outras mudanças disruptivas na última década, que precisam ser mais bem entendidas para procedermos a alguns ajustes e melhorias em nosso cotidiano, já que o mundo como conhecíamos há dez anos é bastante diferente do atual.

Dito isso, a maior parte do conteúdo deste material ainda é pertinente, mesmo antes da atualização, já que, em grande parte, está alicerçado por conhecimento científico que não se altera. Entretanto, alguns problemas foram intensificados, como a enorme angústia das pessoas para saber como são vistas pelos outros. Como muitos precisam de referências, acabam se comparando com colegas de trabalho, gestores, companheiros de escola, amigos, parentes e, principalmente, com exemplos de sucesso ou histórias de superação que todo dia aparecem nas mídias sociais.

Parece que todo mundo é saudável, feliz, bem-sucedido, com uma família perfeita, cercado de amigos, cheio de energia e ainda tem uma "fórmula de sucesso garantido" que se dispõe a vender para qualquer um que aceite pagar. O problema é que, na maioria das vezes, essa fórmula é simplória ou impossível de ser replicada e, quando dá errado, o vendedor da ilusão solta variações da frase: "Você não cumpriu 100% o programa" ou "Quase todos conseguiram, o problema foi com você" ou o clássico: "Você precisa fazer meu módulo avançado *ultraplus* para obter sucesso".

Também existe o "culto da felicidade total" em que as pessoas precisam se mostrar quase como super-heróis. Já que,

INTRODUÇÃO

além de todas as conquistas, parecem jamais ficar deprimidas, nunca têm problemas financeiros, demonstram autoconfiança inabalável e nunca têm sequer uma dor de barriga ou momentos de fraqueza.

Todo esse exagero tem sido potencializado pelo uso intensivo das mídias sociais, nas quais mais de 90% das postagens mostram apenas aspectos positivos do dia a dia: jantar em restaurante da moda (que acontece uma vez por mês); uma superviagem de férias (que ocorre no máximo uma vez por ano); um novo emprego, promoção ou compra de carro (que acontece uma vez a cada três ou cinco anos); o casamento dos sonhos ou compra de imóvel (que é ainda mais espaçado no tempo) e assim por diante.

Ora, se tivermos em torno de cem conhecidos (entre parentes, amigos, colegas de escola ou trabalho), todos os dias veremos dezenas de publicações autoelogiosas. Se seguirmos mais cem celebridades ou subcelebridades, multiplique os posts triunfalistas por dez e a conclusão será de que, para não parecermos insignificantes, também precisamos demonstrar sucesso, o que retroalimenta essa gincana para ver quem é mais feliz.

Obviamente, isso não é realista, mas essa corrida maluca gera comparações descabidas, e, em muitos casos, mesmo quem tem uma vida satisfatória sofre com uma aparente falta de sucesso, o que gera descontentamento, inadequação e sofrimento.

A frustração aumenta e as pessoas se perguntam (e muitas vezes perguntam a mim): "Por que fulano, com idade e formação semelhantes às minhas, está tão mais bem posicionado? O que ele (ou ela) faz para ser tão saudável, ter o relacionamento dos sonhos, com filhos de comportamento impecável, trabalho estimulante, dinheiro à vontade, viagens paradisíacas e ser tão seguro de si? Por que muitos conhecidos são bem-sucedidos, e eu fico estacionado? O que tenho feito de errado? Por que as coisas parecem dar certo para os outros e para mim é sempre tão difícil?".

Respondo, com convicção, que o maior problema consiste em esperarmos que pessoas com personalidades e histórias completamente diferentes obtenham resultados parecidos. Isso não faz o menor sentido! Cada pessoa (mesmo gêmeos idênticos) tem personalidade distinta, passou por milhares de experiências e, com isso, formou um "jeitão" único de ser e quase impossível de ser imitado.

Quando essa competição sem pé nem cabeça vira obsessão, pode gerar efeitos colaterais nocivos, como endividamento para comprar coisas desnecessárias, excesso de substâncias relaxantes ou excitantes (álcool, drogas lícitas e ilícitas), ansiedade patológica, inveja e exagero na descrição das conquistas – pontos que apenas potencializam a sensação de que não somos suficientemente bons.

Se você não é afeito a mídias sociais ou grupos de WhatsApp, Telegram e congêneres, é comum sofrer pressão para que entre em alguma dessas panelinhas: "Você deveria interagir mais!" ou "Minha vida está muito melhor depois que comecei a divulgar meus trabalhos no YouTube, você deveria tentar" ou "Conheço um superinfluenciador digital que faria tudo para turbinar suas mídias". Então, vem outro tipo de angústia: "Mesmo não gostando de exposição, me sinto pressionado a criar um personagem on-line, e agora?".

Essa inquietação acaba transbordando para a vida profissional e a pessoa se questiona: "Será que sou realmente bom naquilo que faço?"; "Por que ainda não fui promovido?"; "Está na hora de trocar de negócio?" ou "Como melhorar meu desempenho, mesmo não gostando do trabalho atual?".

Tenho convicção de que a principal causa de toda essa angústia é o baixo autoconhecimento. Quem não consegue identificar quais são suas reais capacidades, limitações e possibilidades de mudança normalmente não sabe avaliar com quem teria compatibilidade para formar e manter uma família bem estruturada. Também fica confuso sobre como agir em situações importantes, como a educação dos filhos ou como lidar com parentes ou amigos desagradáveis.

Essa lacuna acaba refletindo no mundo corporativo, já que indivíduos infelizes ou insatisfeitos tendem a piorar seu desempenho profissional. Gestores com pouco autoconhecimento não conseguem encontrar profissionais com perfil compatível para cada função, com isso selecionam mal, os contratados ficam infelizes (eles também não sabem o porquê), e o ciclo vicioso se repete.

Essa dificuldade acaba gerando promoções equivocadas, demissões injustas, planos de carreira ineficazes, dificuldades na profissionalização de empresas, erros no recrutamento, conflitos na sucessão, entre outros danos. Enfim, perda de tempo, energia, dinheiro e um grande transtorno para todos os envolvidos.

Qualquer pessoa deveria se conhecer suficientemente para escolher melhor sua profissão, bem como aproveitar as oportunidades que surgem. Também já adianto (aí vai um *spoiler*) que você não deve se comparar com os outros, mas consigo mesmo.

O grande desafio será analisar se você está melhor que há um ou dez anos e, se não estiver satisfeito, procurar soluções para ser melhor que sua antiga versão.

Entender e ajudar a resolver esses desafios tem sido minha principal missão e, nestas páginas, disponibilizo ferramentas para você:

- compreender melhor o funcionamento da mente humana;
- entender como sua personalidade se formou e o que será possível alterar;
- conhecer seus comportamentos estruturais mais marcantes;
- usar ferramentas da neurociência e da psicologia para lidar melhor com as pessoas, tanto na vida pessoal como na profissional;
- decidir até que ponto vale a pena corrigir pontos fracos ou aprimorar pontos fortes;
- entender por que as pessoas demonstram facilidade para atuar em determinadas áreas e sofrem para fazer coisas até mais simples em outras;
- ajudar líderes a construir o melhor time;
- estimular profissionais a progredirem na carreira;
- criar uma marca pessoal positiva e realista.

Para atingir esses objetivos, procurei utilizar uma linguagem acessível ao público leigo no assunto, mas com embasamento científico consistente. Usarei conceitos da antropologia e da biologia evolutiva, mas principalmente da neurociência e da psicologia. Há vários ramos nas neurociências, mas utilizarei neste livro a neurociência comportamental, que estuda os princípios fisiológicos que o cérebro usa para processar a informação e nos ajuda a identificar como se forma o comportamento humano. A psicologia estuda a personalidade

INTRODUÇÃO

e pode ser dividida em dois grandes grupos: a psicologia do senso comum e a psicologia científica – trataremos de ambas. Citarei especialistas consagrados e farta bibliografia, porém a ordenação, o estilo, a amarração e, principalmente, a interpretação disso tudo são de minha inteira responsabilidade, fruto de muito estudo e experiência. A metodologia que desenvolvi é um resumo do que tenho aplicado há mais de trinta anos e de cerca de quarenta mil horas de prática na gestão das pessoas por meio de minhas consultorias e treinamentos. Para ajudá-lo a compreender melhor "por que você é do jeito que você é", mostrarei pesquisas, contarei histórias, utilizarei diferentes abordagens, proporei testes, e procurarei transmitir informações aplicáveis ao seu cotidiano. Você saberá, enfim, o que é preciso para atingir a excelência pessoal e profissional, respeitando seu jeito único de ser.

* * *

Para alcançar esses objetivos de forma mais didática e estruturada, dividi o livro em duas partes. Vamos ao resumo:

PARTE 1

A origem – Por que somos assim?

Veremos um resumo de teorias que foram estruturadas com um intervalo de mais de cem anos, mas ainda assim têm forte relação entre si e contribuirão para sua autoanálise.

CAPÍTULO 1   A força dos instintos

Você conhecerá aspectos fundamentais para entender como o ser humano evoluiu, dominou o planeta e criou tecnologias quase inacreditáveis, mas em muitos casos continua agindo como nossos ancestrais pré-históricos.

CAPÍTULO 2   Moldando um cérebro saudável

Abordarei conceitos da neurociência comportamental que explicam como se formam suas conexões mentais, o que é permanente e até que ponto é possível reconfigurar seu cérebro para trilhar caminhos diferentes dos que você está acostumado.

CAPÍTULO 3   Genética ou ambiente: o que nos faz ser como somos?

Analisaremos quanto a genética e o ambiente são relevantes na formação de nossa personalidade, o que nos faz únicos e, principalmente, a importância de dominar esses conceitos para uma vida melhor.

CAPÍTULO 4 **A psicologia básica e a formação da personalidade**

Estudaremos conceitos básicos da psicanálise, propostos por Sigmund Freud há mais de cem anos e que ainda continuam válidos para entender o conflito entre nossos instintos mais primitivos e o desejo de evoluirmos.

CAPÍTULO 5 **A psicologia na gestão de pessoas e negócios**

Concluiremos que temos filtros que distorcem nossa percepção da realidade, além do enorme peso da emoção na tomada de decisões e suas consequências. O principal objetivo será proporcionar ferramentas para uma avaliação mais realista dos fatos.

PARTE 2

A virada – Como melhorar o que somos?

Agora que compreendemos como nossa personalidade foi formada, ficará mais fácil usar estratégias sobre o que fazer daqui em diante e como agir para conseguir ajustes e melhorias.

CAPÍTULO 6 **Um adulto consegue mudar sua personalidade?**

Veremos, com casos práticos e exemplos, o que mudará pouco em sua vida – e, portanto, não vale a pena gastar energia – e o que deveria ser aprimorado para obter resultados positivos.

CAPÍTULO 7   **Os três modos de ver o mundo**

Estudaremos três grandes modelos mentais e suas variações. Haverá um teste para você identificar o seu modelo preponderante, o das pessoas com as quais convive, bem como formas de aplicar esse conhecimento em seu dia a dia.

CAPÍTULO 8   **As ferramentas do aprimoramento**

Abordarei a teoria das inteligências múltiplas para que você consiga identificar onde mais se destaca e como aproveitar ao máximo essa vantagem.

CAPÍTULO 9   **A Janela de Johari: como nos vemos e somos vistos**

Mostrarei como as quatro janelas de percepção podem contribuir com sua evolução pessoal e profissional, e como diminuir a tendência de distorcer sua autoanálise.

CAPÍTULO 10   **Como usar melhor o que você já tem**

Veremos as diferenças fundamentais entre pontos fortes, pontos fracos e pontos limitantes e qual deveria ser a prioridade para uma evolução realista e duradoura.

APÊNDICE 1   **Liderança para alta performance**

Aspectos práticos sobre gestão de pessoas, principalmente para quem já atua em cargos de liderança.

APÊNDICE 2   **Aplicações práticas da neurociência no dia a dia**

Como a neurociência está presente em nosso cotidiano em situações que não nos damos conta.

Pontos importantes:

1. As histórias e os personagens são baseados em situações reais que observei ou pelas quais passei. Entretanto, mudei os nomes e, em alguns casos, a área de atuação, para que as pessoas não possam ser diretamente identificadas.

2. Para facilitar a leitura, haverá diferenciação na apresentação (inclusive com contrastes e letras) da teoria e dos casos. Assim, será mais fácil uma releitura em que você queira acessar apenas o conteúdo teórico ou relembrar os casos.

3. Desenvolvi os primeiros modelos dos testes que você preencherá quando comecei minha carreira de consultor. Com o passar dos anos, eles foram sendo aprimorados mediante centenas de *feedbacks* até chegar à versão disponível neste material.

Espero que aprecie!

PARTE 1

A origem –
Por que somos assim?

"Ciência é conhecimento organizado. Sabedoria é vida organizada."

IMMANUEL KANT

1
A força dos instintos

"Alguém está sentado na sombra hoje porque outro alguém plantou uma árvore há muito tempo."
WARREN BUFFETT

Agindo como nossos ancestrais

Para começar a compreender por que a gente é do jeito que a gente é, precisamos primeiro entender como nosso cérebro funciona, e como foi formada nossa estrutura mental ao longo de toda a jornada neste planeta.

Nossa espécie foi exposta a experiências evolutivas que nos deixaram fortes marcas físicas e mentais, e que provavelmente continuarão geneticamente impressas por muitas gerações. Várias dessas características continuam a se manifestar em forma de pensamentos, comportamentos e ações semelhantes àquelas que tinham nossos ancestrais.

É praticamente consenso que os seres humanos descendem de um ancestral que também deu origem a outros grandes primatas (gorilas e chimpanzés). Isso muitos sabem, mas poucos se dão conta das implicações desse fato.

O primatólogo Frans de Waal, que estuda chimpanzés em seu hábitat natural (como também em cativeiro) há mais de quarenta anos, afirma que o *Homo sapiens* parece, se move, respira, tem a fisiologia, instintos e muitos comportamentos parecidos com os desses primatas e que "inconscientemente exibimos expressões faciais e comportamentos sociais em muitos casos idênticos aos de chimpanzés".

Assim como os humanos, chimpanzés são carinhosos com os filhos, sabem trabalhar em equipe, fazem amizades duradouras e ajudam na proteção dos mais idosos; mas também lutam pela liderança, conspiram em busca de apoio, montam complôs, têm inveja, sentem medo e são egoístas. Você deve estar percebendo alguma semelhança com algum conhecido seu, certo?

Vários cientistas renomados, entre eles o geneticista André Langaney, estudando o DNA desses grandes primatas, estimam que entre cinco e sete milhões de anos atrás um grupo de animais de determinada espécie se diferenciou e deu origem a três grandes linhagens: os gorilas, os chimpanzés e os humanos. Uma das constatações mais impressionantes é de que o código genético dos humanos é 98,7% idêntico ao dos chimpanzés – que é mais próximo geneticamente dos humanos que dos gorilas.

Para que tenham ideia dessa semelhança, quase a totalidade do DNA humano (999 letras em 1.000) se hibridiza com o DNA de um chimpanzé, provando que as duas espécies são muito próximas e, portanto, têm origem comum.

O processo de seleção natural, que culminou nos humanos atuais, foi tremendamente complexo, lento, desgastante e persistiu por mais de duzentas mil gerações. É importante ressaltar que os dados citados são baseados na datação por carbono radioativo de achados arqueológicos, em estudos de sedimentos geológicos e madeira fossilizada, e são bem aceitos pela maioria da comunidade científica. Vou resumir essa epopeia, deixando de fora detalhes que poderão ser lidos nas obras sugeridas nas referências bibliográficas.

Um dos primeiros "pré-humanos", que se diferenciou desse ancestral comum aos outros primatas, teve origem na África Oriental: o *Australopithecus africanus* (há cerca de cinco milhões de anos), depois veio o *Australopithecus afarensis* (há cerca de três milhões de anos) e, mais à frente, o *Homo erectus* (há cerca de um milhão e meio de anos), entre outras espécies que ainda estão sendo estudadas conforme aparecem vestígios e restos mortais preservados (o que é muito difícil de encontrar em boas condições), como ossos e dentes.

Finalmente, entre cento e cinquenta mil e duzentos mil anos atrás, a evolução gerou a nossa atual espécie, o *Homo sapiens*. Essa versão semiacabada do ser humano moderno ainda tinha o cérebro um pouco menor que o atual, mas já dominava o fogo, fabricava ferramentas de pedras polidas, convivia em pequenos grupos e sabia trabalhar em equipe.

As marcas da evolução

As configurações física e mental do homem atual começaram seu último estágio "apenas" há cerca de cinquenta mil anos. Os dados arqueológicos indicam que nessa época nossos ancestrais viviam em bandos de dez a trinta indivíduos. Eram caçadores/coletores, deslocavam-se o tempo todo e tinham pouquíssimos filhos, porque era extremamente difícil a sobrevivência e, ao contrário de outros mamíferos, filhotes humanos são muito dependentes dos pais.

Eles viviam em ambientes perigosos, enfrentavam escassez de alimentos, clima gelado, animais ferozes e, para completar o drama, tinham menos força física, menor velocidade, dentes pequenos, olfato rudimentar e visão limitada quando comparados aos predadores, e mesmo aos grandes herbívoros. Tampouco voavam ou respiravam debaixo da água. Seus filhotes demoravam anos para se virarem sozinhos, enquanto um filhote de zebra ficava independente em semanas, e um leãozinho, em meses. Que vidinha difícil esse pessoal levava!

Ainda assim, com todas essas desvantagens, o ser humano conquistou um feito que nenhuma outra espécie de grande porte jamais conseguiu. Adaptou-se a todos os ambientes do planeta – desertos, geleiras, montanhas, florestas, savanas – e dominou a Terra devido a seu grande diferencial: o aumento e o desenvolvimento do cérebro.

Há cerca de quarenta mil anos (estimativa baseada em restos alimentares e ossos datados pela tecnologia do carbono 14), começaram a aparecer trabalhos manuais mais elaborados: pinturas simulando caçadas, colares de conchas, anzóis feitos de ossos e até vestimentas produzidas com couro de animais. Todas essas atividades demandavam uso intensivo do cérebro tanto no processo de tentativa e erro como no aprendizado pela imitação e repetição daquilo que aprendiam.

Nessa época o ser humano provavelmente desenvolveu a habilidade de se comunicar verbalmente e começava a ter uma constituição física e mental muito parecida com a que temos hoje. Trabalhos de computação gráfica, que simulam o rosto e o físico baseados em crânios e esqueletos, indicam que não notaríamos muita diferença deles com um humano atual se cortassem os cabelos e usassem roupas modernas.

Eles provavelmente já usavam bastante seu poderoso cérebro, mas na maior parte do tempo ainda agiam como seus primos primatas.

A evolução se deu lentamente, com os humanos se espalhando pelos cinco continentes, mas ainda vivendo como nômades, em pequenos bandos, até que, finalmente, entre quinze e treze mil anos atrás, aconteceu um fato que mudou de forma espetacular seu estilo de vida. Terminou a última Era Glacial e começou o que os geólogos chamam de Era Recente.

A temperatura média do planeta subiu, geleiras descongelaram, solos ficaram mais férteis e a quantidade de alimento disponível aumentou. O homem deu início à agricultura rudimentar, espalhando e colhendo sementes de trigo e arroz ou replantando tubérculos. Os primeiros animais, como a cabra e o porco, começaram a ser domesticados. Alguns povos começaram a se agrupar para conviver em aldeias às margens de rios e lagos. Com a agricultura e a criação de animais era possível ter mais filhos, inclusive para ajudar na mão de obra.

Teve início a propriedade privada, pessoas com tarefas especializadas, como artesãos, soldados, médicos, agricultores, construtores, caçadores, e com eles os níveis hierárquicos e um explosivo crescimento demográfico, represado por milhões de anos de dificuldades. Surgiram as primeiras cidades e com elas a luta pelo poder, os chefes, a burocracia, e, sinto informar, os políticos. Em suma, as bases da sociedade organizada.

Ufa! Finalmente começamos a nos tornar civilizados!

Para dar a dimensão de como nossa jornada como seres civilizados é recente, o cientista Robert Winston compara nossa história no planeta com o comprimento de uma corda.

Se os cinco milhões de anos de nossa jornada na Terra representassem uma corda de cem metros (o comprimento de um campo de futebol), então:

- O início da agricultura e, portanto, das primeiras aldeias há treze mil anos, equivale a vinte centímetros (uma régua escolar) da corda de cem metros.
- O início dos avanços tecnológicos, ou seja, os últimos cem anos, equivale a cerca de três milímetros (o tamanho da ponta de um lápis).

Como se vê, temos menos de 0,001% de nossa história como seres minimamente civilizados (que ainda cometem barbaridades inomináveis). Portanto, em 99,999% dessa jornada, o ser humano foi um animal primitivo que, muitas vezes, esteve próximo da extinção. Isso significa que faz pouquíssimo tempo, em termos de evolução, que ficamos realmente diferentes dos outros primatas. E é por isso que nosso cérebro e corpo reagem de maneira parecida com a desses animais.

Estima-se que entre cento e cinquenta e duzentos mil anos atrás, as pressões ambientais foram tão extremas que poucas centenas de indivíduos permaneceram vivos e, quando estavam muito próximos da extinção, algo mudou – provavelmente uma janela climática mais favorável de dois ou três mil anos facilitou as condições ambientais para sobrevivência. Esse pequeno grupo de ancestrais conseguiu reproduzir-se, espalhar-se e deu origem a todos os povos modernos atuais.

Essa hipótese tem base no estudo do DNA mitocondrial humano, colhido de indivíduos em todas as regiões habitadas do planeta, incluindo o dos povos originários da Amazônia, que ficaram isolados por séculos e tiveram contato com a civilização há poucos anos. Essas pesquisas genéticas mostraram que somos todos seres, rigorosamente, da mesma espécie (independentemente de cor, região ou histórico evolutivo). O ser humano!

Reitero que nosso código genético é tão parecido porque descendemos de um grupo desses pouquíssimos indivíduos sobreviventes, que são os Adões e Evas que geraram bilhões de descendentes.

O mais incrível é que, apesar de sermos da mesma espécie, somos absolutamente diferentes! Como veremos nos próximos capítulos, mesmo gêmeos geneticamente idênticos têm personalidades e aptidões particulares.

Pensando rápido

Quando nossos antepassados trogloditas levavam um susto ou corriam perigo, a adrenalina acelerava seus batimentos cardíacos, exatamente como acontece ainda hoje com o homem moderno ao se sentir ameaçado. O sangue fluía para as extremidades e qualquer sensação de dor, fome ou cansaço desaparecia de imediato. Em segundos, ficavam física e mentalmente preparados para fugir, ou lutar pela vida.

Foi assim por milhões de anos e, de certa maneira, é assim até hoje. Continuamos a ter as mesmas reações metabólicas e mentais que, no decorrer de duzentas mil gerações, fizeram a diferença entre a extinção da espécie e o domínio do planeta. Assim como no passado distante, a evolução não programou o ser humano para avaliar o que as coisas são de fato, programou-o para sobreviver.

Quando uma sombra, assemelhando-se a um leão, aproximava-se, nosso ancestral certamente corria. Naquela época, provavelmente ninguém se punha a filosofar sobre qual era a espécie do leão ou se o leão estava com fome.

Os muito reflexivos acabavam devorados.

Nesse contexto, sucesso significava interpretar rapidamente o ambiente para permanecer vivo. Para sobreviver, o homem obrigava-se a pensar no curtíssimo prazo, e quase nunca a planejar. Hoje, não temos mais que correr de leões ou caçar mamutes. Entretanto, continua havendo uma constante tensão entre nossos instintos da época das cavernas e as necessidades da vida moderna. Vejamos algumas reações físicas e mentais que atualmente não servem para quase nada, mas que continuamos experimentando:

- **Aumento exagerado dos batimentos cardíacos:** antes de uma entrevista de emprego, ou quando somos criticados, ou ficamos ansiosos ou inseguros com alguma coisa, sentimos nosso coração acelerar, mesmo sem qualquer esforço físico. O problema é que essas crises de ansiedade, além de não ajudarem, causam prejuízos emocionais por nos deixarem ainda mais nervosos. Temos essa reação, pois antecipamos uma situação crítica, como aquela que enfrentávamos na savana. Mas, no caso deles, diante de um perigo real.
- **Suor frio:** podemos transpirar intensamente antes de uma reunião, ou do primeiro encontro com uma pessoa pela qual temos atração, ou de uma competição esportiva amadora (ficamos nervosos mesmo em um jogo de tênis com o vizinho), o que também é uma reação instintiva para resfriar o corpo para lidar com um risco iminente, assim como faziam nossos antepassados.
- **Estado de alerta imediato:** quando ouvimos um barulho inesperado à noite, passamos por uma turbulência durante um voo, vemos um acidente com vítimas

na estrada, nossos sentidos se aguçam, preparando o corpo para fugir ou lutar, como acontecia quando o homem estava diante de animais agressivos ou havia oportunidade de abater um herbívoro que alimentaria sua família por semanas.
- **Explosões de raiva:** quando levamos uma fechada no trânsito, ou tomamos uma buzinada devido a alguma barbeiragem, ou somos xingados durante um jogo de futebol, ou quando o time do coração perde o campeonato, ou o vizinho folgado mantém o som alto de madrugada, temos rompantes de raiva, por vezes desproporcionais, porém semelhantes àqueles que nossos *tatatataravós* tinham ao se sentirem ameaçados por inimigos que lutavam por alimento, sexo ou território. Gritar, gesticular e ameaçar era uma estratégia para mostrar ao outro que estavam prontos para lutar pela vida.
- **Excitação não intencional:** não é incomum a pessoa passar por situações de excitação sexual não planejada, não controlada e diante de quem não deveria... Na maioria das vezes não passa de um pequeno constrangimento que, além de você, ninguém percebe. Esse estado de alerta sexual vem do fato de que, por milhões de anos, nossos ancestrais (principalmente os que não eram machos ou fêmeas alfas) tinham poucas oportunidades de se acasalar e repassar seus genes. Eles precisavam aproveitar as oportunidades o mais rápido possível, e sem calcular riscos.
- **Comer exageradamente:** a turminha do passado suava muito para conseguir alimento e precisava comer rapidamente – podia perdê-lo para outros animais – a maior quantidade possível, pois não sabia quando

comeria novamente. Ainda temos a mesma reação hoje, e muita gente come compulsivamente, mesmo não tendo problemas em conseguir alimento todos os dias.

Atualmente, praticamente nenhuma dessas reações salvaria nossa vida, mas continuamos a experimentá-las, querendo ou não. Esses instintos são comportamentos que não são resultado do aprendizado nesta geração, mas da pressão evolutiva.

A verdade é que nosso corpo reage como ocorria há milhares de anos, e esses instintos continuam fortes!

O Projeto Genoma mostrou que nosso código genético tem uma lista de mais de 3 bilhões de letras em diferentes combinações, e nesse código está a receita para o desenvolvimento físico e mental de cada pessoa. De cada 10 mil letras de nosso genoma, apenas uma será diferente de um indivíduo para outro.

Essas diferenças minúsculas respondem por grande parte das características, como altura, cor dos olhos, predisposição para algumas doenças, inteligência, nível de agressividade, talentos naturais e centenas de outras.

Essa receita extremamente complexa demorou milhares de anos para ser preparada e, por mais que queiramos, será impossível alterar seus ingredientes, no curto prazo de uma geração.

É como se já nascêssemos com um enxoval que nos acompanhará pelo resto da vida. Não podemos jogar nenhuma dessas peças fora, mas podemos deixar de usar algumas, vestir outras com frequência, bem como combiná-las conforme nosso jeito de ser.

Na Pré-História, o estresse ocorria em situações extremas. O estresse atual virou estilo de vida.

A "maldição" da comparação, intensificada pela presença em mídias sociais, o exagero do politicamente correto – que obriga a pessoa a pensar dez vezes antes de contar uma piada ou fazer um elogio a alguém do sexo oposto –; a grande competição por espaço profissional; a etiqueta social, muitas vezes hipócrita; a obsessiva procura pelo acúmulo de bens; a necessidade de aprovação social; entre outras obrigações que a pessoa não precisaria cumprir, mas que o ambiente exige, são relativamente recentes e ainda estamos nos acostumando a elas.

Caso 1 – O incrível Hulk mora ao lado

Conhece a história do Hulk? Na ficção dos quadrinhos e dos filmes, o personagem em questão é um cientista mirrado, pacato e boa gente, que sofreu, acidentalmente, uma superexposição a raios gama e, toda vez que fica muito irritado, se transforma em um brutamontes verde com mais de 200 quilos que destrói com socos e pontapés o que encontra pela frente e só volta ao seu normal depois de algumas horas tendo chiliques e botando para quebrar, literalmente.

Imagine que você é uma versão do Hulk: toda vez que fica nervoso com alguma situação (trânsito caótico, futebol amador com juiz ladrão, concorrência desleal, vizinho sem noção, filas dos mais variados tamanhos, mau atendimento, *overbooking* no voo, colega folgado etc.) tende a ficar ansioso, depois irritado e, algumas vezes, descamba para a grosseria – xinga quem está em volta, profere palavrões, faz ameaças e, eventualmente, parte para a agressão física.

Provavelmente quem já passou por isso fica muito arrependido e quase morre de vergonha, mas pouco tempo depois apronta de novo. Esse comportamento já custou trabalhos, relacionamentos, amizades e separações conjugais, mas a pessoa simplesmente coloca a culpa nos "instintos". Isso não é justificativa, pois, ao contrário de nossos parentes primatas, desenvolvemos áreas no cérebro que eles não têm, como o autoconhecimento que permite o livre-arbítrio!

Você até pode ser esquentadinho, mas também pode evitar situações que apertem o botão do "dane-se", ou sair de perto delas quando acontecerem, ou ainda contar até dez antes de ficar verde.

Ou seja, você sabe que o Hulk mora dentro de você, mas pode impedir que ele acorde com frequência ou pode diminuir a intensidade da reação, ou até aproveitar para acordá-lo quando alguma situação emergencial pedir a presença de alguém que imponha respeito.

Portanto, a conclusão é: os instintos são muito poderosos, mas não podemos ser reféns deles! Você verá que o autoconhecimento contribui muito com o livre-arbítrio!

* * *

Sob o ponto de vista da psicologia e da neurociência, veremos nos próximos capítulos: por que somos como somos? Se a origem é a mesma, por que as pessoas têm personalidades tão diferentes? E o que é possível mudar em nossos instintos de trogloditas?

2

Moldando um cérebro saudável

> "Saber muito não o torna inteligente. A verdadeira inteligência se revela em como você busca, julga, maneja, mas, principalmente, onde e como aplica essa informação."
>
> Carl Sagan

Para analisar como somos, é preciso compreender como nosso cérebro foi moldado desde os primeiros anos de vida e como ocorre o aprendizado ao longo da vida. Farei uma análise sobre como a neurociência pode nos dar algumas dessas explicações.

A anatomia do cérebro

A teoria dos "três cérebros" foi inicialmente apresentada pelo neurocientista Paul D. MacLean na década de 1990 e continua sendo amplamente utilizada para explicar como se deu nossa evolução cerebral. Imagine que o cérebro humano é uma casa com três andares, que essa construção começou de baixo para cima, dos fundos para a frente, e demorou milhões de anos para chegar ao ponto atual, mas pequenas reformas e melhorias ainda estão sendo feitas quase diariamente.

Vamos às três camadas:

1. **O tronco encefálico**, ou cérebro instintivo, é formado pela medula espinhal e pelas porções basais do encéfalo e foi o primeiro estágio a ser construído, equivalendo ao porão da casa. Nascemos com essa área cerebral "pronta para uso" e ela praticamente não amadurece com o tempo.

    Essa região regula funções básicas, como o controle da pressão arterial, respiração, batimentos cardíacos, deglutição, digestão, bem como estimula o sono, a necessidade de comer e de se hidratar. O tronco encefálico assume o comando quando precisamos resolver necessidades urgentes, instintivas ou situações muito estressantes, como perigo iminente; fome ou sede extrema; calor ou frio exagerados. Ou seja, essas demandas precisam ser rapidamente resolvidas, e isso normalmente ocorre antes de conseguirmos usar o pensamento consciente para deliberar estratégias futuras, pois é quase impossível fazer planos quando o corpo está no limite da sobrevivência. É por isso que esta é a parte do cérebro mais parecida com a da maioria dos animais vertebrados.

2. **O sistema límbico**, ou cérebro emocional, é o segundo andar da casa/cérebro e é responsável por controlar algumas funções fisiológicas e psicológicas que incluem raiva; medo; afinidade ou aversão; tristeza ou alegria; ansiedade; motivação; estímulo sexual e instintos de sobrevivência relacionados a lutar ou fugir, como vimos no

primeiro capítulo. Esse nível de organização é semelhante ao cérebro da maioria dos mamíferos.

São reações que percebemos facilmente quando temos um cachorro de estimação: o bichinho demonstra carinho, afeição, alegria e empatia, pois parece entender nosso estado de espírito, mas também exibe ansiedade, medo, aversão, agressividade e até egoísmo.

Essa, em grande parte, é a região cerebral que mais nos faz agir como nossos antepassados. O interessante é que nosso sistema límbico funciona durante a vida inteira, mas pouco amadurece, ou seja, muitos desses instintos permanecem quase intactos no passar dos anos. Percebemos isso quando nossos "botões emocionais" são pressionados por situações estressantes, nos induzindo a sentir ou agir de forma semelhante à de nossos ancestrais das cavernas ao tomarmos um grande susto ou percebermos alguma ameaça. Muitas dessas reações foram impressas em nosso DNA há muito tempo e, certamente, ainda permanecerão por muitas gerações.

3. **O córtex ou cérebro racional**. O jogo começa a mudar quando incluímos o terceiro e mais recente andar da nossa casa/cérebro. O córtex cerebral corresponde à camada mais externa do cérebro, como se fosse um lenço (com cerca de 3 a 4 milímetros de espessura) que cobre uma extensão equivalente a uma bola de futebol de salão. É a área que desempenha as funções mais complexas do cérebro, pois tem relação com a interpretação, a razão, a linguagem, o planejamento, a avaliação, a cognição e o pensamento abstrato. A camada mais superficial do córtex

é composta pela "substância cinzenta", que é onde se encontra a maioria das células cerebrais (neurônios) que se ligam com outras células cerebrais próximas formando conexões chamadas sinapses. Para se ligarem a neurônios mais distantes, as sinapses precisam ser revestidas de mielina, uma substância que funciona como uma espécie de bainha gordurosa, que se assemelha ao isolante plástico de um fio elétrico. As áreas mais abundantes de mielina (que é clara) são chamadas de "substância branca", que ficam em camadas mais profundas do córtex.

Essa área cerebral é tão importante que merece uma explanação mais detalhada.

De 0 aos 3 anos de idade, cerca de 2 milhões de novas sinapses são formadas a cada segundo, sendo que, nessa época, a criança tem duas vezes mais sinapses que um adulto e uma proporção muito maior de substância cinzenta, o que confere uma coloração escura ao córtex.

Essas ligações se formam com toda interação com o ambiente e as experiências repetidas, centenas ou milhares de vezes, "mielinizam" as sinapses relacionadas a elas e se tornam parte do circuito permanente do cérebro, mantendo-se intactas até o fim da vida.

Com o passar do tempo, aumenta a proporção de substância branca (o córtex vai adquirindo uma coloração mais clara), indicando que o cérebro está se especializando em ser como somos, consistente e repetidamente.

É bom frisar que, até os 3 anos, a criança prioritariamente constrói conexões. A partir daí começa um processo de eliminação: as sinapses que não recebem estímulos (experiências que não se repetem) ficam debilitadas, começam a enfraquecer e morrem. Nossa biologia nos obriga a "deletar" bilhões de conexões justamente para que possamos manter fortes as restantes.

A tendência do cérebro, a partir dos 4 anos, é a de se especializar cada vez mais, deixando ainda mais fortes (*encapadas* pela bainha de mielina) muitas sinapses estruturais, aquelas que darão sentido ao mundo da criança e, posteriormente, do adulto.

Padrões de pensamentos, comportamentos, valores, princípios, habilidades, estilos de vida, motivadores e modelos de mundo estão sendo lentamente construídos nessa fase.

Quando uma criança chega ao fim da adolescência, restam "apenas" cerca de 500 trilhões de conexões. Mais da metade da rede neural formada até os 3 anos foi descartada e esse número de sinapses, a partir de então, permanecerá relativamente constante em adultos saudáveis.

Como comparação, imagine um pessegueiro com galhos carregados de frutos, do tamanho de um grão de feijão. Nessa situação, não há espaço físico para o desenvolvimento de todos.

Portanto, para que alguns frutos cresçam e amadureçam, muitos terão de ser eliminados. Aqueles que não receberem nutrientes suficientes, ou que forem atacados por doenças e insetos, ficam fracos e caem. Somente se desenvolverão os frutos mais fortes, melhor posicionados e bem-nutridos.

Esse exemplo ilustra como o cérebro humano trabalha. Sinapses pouco estimuladas terão de morrer para que outras se desenvolvam. A herança genética e as primeiras experiências infantis ajudam o cérebro a "escolher" quais sinapses sobreviverão.

A base estrutural

Em um domingo qualquer, o filho sente a excitação do pai quando o Palmeiras está jogando e, a seu redor, percebe que as pessoas comemoram os gols, fazem barulho, gritam de alegria e ficam eufóricas. Essa criança, então, bate palmas, é elogiada pela plateia e também se sente feliz. Se essa cena se repetir centenas de vezes teremos mais um palmeirense no mundo. Se os familiares e pessoas próximas, ao contrário, não gostarem de futebol, provavelmente o indivíduo quando adulto também não dará muita atenção a esse tema e até achará incompreensível – às vezes ridículo – alguém ficar alegre ou revoltado devido ao resultado de um evento esportivo.

É raro um adulto torcer por um time de futebol diferente daquele que aprendeu a apoiar na infância, e isso acontece com muitos comportamentos: preferências musicais, humor, motivações, esportes, relação com comida ou bebida, maneira de lidar com conflitos, frustrações, prazeres e recompensas.

Quando usadas repetidamente, as sinapses de cada uma dessas atividades, ou desses comportamentos, se tornam mais fortes e ordenadas, metaforicamente criando "estradas asfaltadas" pelas quais será muito mais fácil trafegar. Quanto mais vezes o indivíduo passar pelas mesmas "estradas" mentais, mais se especializará nelas.

Reforçando a importância da infância, o ganhador do prêmio Nobel de Economia no ano 2000, James Heckman – que se dedica a estudar os efeitos dos estímulos educacionais nos primeiros anos de vida –, afirma que há evidências científicas de que dois tipos de habilidade têm enorme influência sobre o sucesso na vida de uma pessoa.

As habilidades cognitivas, que estão relacionadas ao QI (Quociente de Inteligência), e as habilidades não cognitivas, que estão relacionadas ao QE (Inteligência Emocional). Oportunamente serão dadas as definições e explicações aprofundadas sobre QI e QE.

As crianças que não desenvolvem suas principais capacidades pessoais nos primeiros anos terão mais dificuldade em assimilar tais habilidades e conhecimentos na vida adulta. Heckman afirma, como exemplo prático, que "crianças de 8 anos, que recebem estímulos cognitivos adequados (educação formal e incentivo dos pais) desde os 3 anos de idade, contarão com um vocabulário de cerca de 12 mil palavras. Crianças da mesma idade, sem esses estímulos, terão um vocabulário de apenas 4 mil palavras".

Os estudos de Heckman indicam que, por volta dos 8 anos, habilidades cognitivas, como a fluência verbal e o domínio da matemática básica, já estão bem estruturadas, e se torna mais difícil desenvolvê-las depois dessa fase.

O pior é que, se nada for feito, haverá uma tendência de que esse problema se agrave com o passar dos anos, resultando em um adulto com grandes dificuldades cognitivas, tendo uma probabilidade significativa de se transformar em um analfabeto funcional.

Segundo os dados do Indicador Nacional de Analfabetismo Funcional (INAF), coordenado pelo instituto Paulo Montenegro, apenas aproximadamente 25% dos brasileiros adultos são plenamente alfabetizados.

Analfabetismo funcional significa que o indivíduo lê, mas não consegue interpretar adequadamente o conteúdo. Para essa pessoa as dificuldades de aprendizado serão muito maiores. "Por isso, as lacunas da primeira infância atrapalham tanto", afirma Heckman, que compara os primeiros anos de vida aos alicerces de um prédio: **"Se a base for ruim, o edifício desmoronará. Os primeiros anos são decisivos para moldar habilidades, que servirão de base para que outras surjam. Um ciclo virtuoso, do qual resultam pessoas preparadas para produzir riquezas para si mesmas e para seus países"**.

Nesse ponto, é importante retomar a abordagem do primeiro capítulo, que se refere ao contexto da Pré-História e a sua relação com nossos instintos, a fim de correlacioná-las com os conceitos de inteligência e a importância da infância.

Em pleno século 21, ainda há na Amazônia povos isolados, vivendo como caçadores/coletores, de forma muito semelhante ao modo de vida de nossos ancestrais há milhares de anos. O mesmo estilo de vida, ferramentas de pedra e madeira; grupos com poucos indivíduos que caçam, pescam e coletam alimentos na natureza. Pesquisadores conseguiram coletar o sangue de alguns desses indivíduos e concluíram que esses povos, que viveram isolados por milênios, têm a mesma base genética que um japonês ou um norte-americano nascidos neste século.

Como já vimos, e não custa reforçar, geneticamente não existem diferenças significativas entre os povos espalhados pelo mundo, portanto qualquer recém-nascido, adequadamente estimulado, poderia falar qualquer idioma, cursar uma universidade, ou dirigir um carro. Assim como, se um bebê nascido na civilização fosse introduzido numa tribo indígena isolada, viveria, falaria e se comportaria como um caçador/coletor, exatamente como fariam seus hipotéticos pais adotivos.

Caso 2 – História de pescador 1

Sou pescador fanático e há mais de vinte anos passo cerca de duas semanas por ano pescando em lugares tão isolados a que só é possível chegar em pequenas embarcações ou de hidroavião. Apesar de contar com certo conforto, às vezes acampo em regiões ainda mais ermas e tenho como guias indígenas que habitam a região.

Na mata fechada, eles acham trilhas "invisíveis"; sentem a presença de animais pelo olfato ou audição; encontram plantas comestíveis e medicinais por todo lado; com arpões primitivos, pescam em minutos o que eu não consigo pescar em horas com equipamentos sofisticados; pressentem tempestades; constroem abrigos em minutos e encontram atalhos. É impressionante como meus anos de estudo formal não servem para quase nada nesse ambiente. É provável que apenas um adulto (acostumado a viver na civilização) em um milhão sobreviva por mais de um ano nessas condições ambientais extremas, de isolamento e perigos.

Já fui mais de trinta vezes para a floresta Amazônica e mesmo assim, provavelmente, não sobreviveria por conta própria por mais de algumas semanas. Esses guias passam meses – se quisessem passariam anos – vivendo exclusivamente da floresta.

Quem é o "inteligente" nesse ambiente? A verdade é que me sinto um completo ignorante em comparação à inteligência necessária para sobreviver em um local hostil que eles demonstram ter.

Naturalmente, esses povos isolados tendem a mostrar um fraco desempenho em atividades cognitivas – como uma simples leitura –, para as quais não foram adequadamente treinados na infância.

* * *

Os diversos ambientes e as pressões a que fomos e somos expostos continuam a modelar as diferenças entre os humanos. O fisiologista e autor de *best-sellers* Jared Diamond tem uma frase que resume as diferenças entre as pessoas: **"A história seguiu rumos peculiares para os diversos povos, devido às diferenças entre os ambientes em que viviam, e não devido a diferenças genéticas entre eles"**.

As aptidões desses povos, portanto, não é, estatisticamente, menor ou maior do que a do leitor deste livro. É apenas diferente e seu desenvolvimento dependerá do aprendizado e treinamento que tiverem nos primeiros anos de vida.

O analfabetismo psicológico

As novas tecnologias permitiram descobrir que o cérebro evoluí até a maturidade. Entretanto, 95% do volume de um cérebro saudável é alcançado até os 8 anos, o que indica o enorme impacto do ambiente na formação do cérebro e que essa estrutura formada nos primeiros anos será crucial no cérebro adulto.

O problema é que essas informações são pouco conhecidas. O psiquiatra e professor da Universidade de São Paulo (USP) André Malbergier afirma de forma muito incisiva que, por desinformação, as pessoas sofrem de "analfabetismo psicológico". Segundo ele, até mesmo médicos, por falta de formação, não conseguem perceber sintomas de doenças mentais em seus pacientes e grande parte dos professores escolares ignora muitos desses dados, pois nunca foram adequadamente preparados. "É um massacre", resume.

Massacre porque, segundo ele, até 40% da população sofre, em certo nível, de algum distúrbio, que deveria ser tratado para evitar complicações. E muitos desses problemas poderiam ser atenuados com uma melhor atenção nos primeiros anos de vida.

É terrível que mesmo pessoas cultas não compreendam a importância da infância para a formação de adultos mentalmente saudáveis.

"Pouquíssimos têm a noção de como é vital investir na formação da criança, encarando como prioridade seus primeiros anos de vida, porque, nessa fase, define-se em grande parte a chance da prosperidade intelectual e emocional de um indivíduo", conclui Malbergier.

Portanto, antes de continuar, seguem algumas conclusões importantes:

- É extremamente relevante entender como se formou nossa personalidade desde os primeiros anos.
- É fundamental analisar como foi a infância de pessoas próximas (a personalidade delas também foi estruturada naquela época) para melhor compreendê-las.
- A maneira como criamos nossos filhos terá grande influência no tipo de pessoas que eles se tornarão.

Por volta dos 6 anos, quando alguém pergunta "Quem é o melhor aluno?", todos levantam a mão e gritam "Eu". Quando se faz a mesma pergunta numa sala com alunos de 11 ou 12 anos, a maioria dirá "É fulano!".

É só examinar qualquer grupo de pré-adolescentes e você verá cada um deles desempenhando papéis consistentemente diferentes. Há o líder, o divertido, o criativo, o intelectual, o habilidoso em esportes, o agregador, o meticuloso, o estrategista, o negociador, o reservado, o impetuoso etc.

Entre os 8 e os 10 anos, a criança começa a perceber em quais papéis se destaca e, se adequadamente estimulada, tende a se especializar durante a adolescência naquilo em que se sente mais à vontade.

Quem possui aptidão para liderar desde cedo gosta de tomar a iniciativa, de se expor, de enfrentar desafios e aos poucos vai aprimorando e testando essa habilidade, mesmo sem qualquer tipo de treinamento formal; quem tem dons artísticos sente-se cada vez mais à vontade em exprimi-los, primeiro em casa, depois na escola e, se estimulado, passa a se destacar na área; o jovem com habilidades atléticas sente prazer ao chamar atenção até de adultos, passa a ser referência e assim por diante.

Devemos ficar muito atentos a essas tendências e aptidões de nossos filhos se realmente quisermos ajudar a formar adultos mentalmente saudáveis, profissionalmente produtivos e com a vida pessoal equilibrada.

Por isso, é tão importante entender como a criança aprendeu a ser como é para compreender a personalidade do adulto. É difícil mudar comportamentos sem entender de onde vieram. Desconhecendo as causas, é quase impossível mudar os efeitos.

* * *

No próximo capítulo estudaremos como podemos utilizar melhor todo o conhecimento disponível sobre a genética, o ambiente, a formação do cérebro, suas conexões e as implicações práticas desses fatos.

3
Genética ou ambiente: o que nos faz ser como somos?

> "Viver é enfrentar um problema atrás do outro. O modo como você os encara é que faz a diferença."
> BENJAMIN FRANKLIN

Não é apenas a biologia evolutiva que nos ajuda a entender por que somos do jeito que somos. O estudo da genética, somado a mais alguns conceitos da neurociência, nos dará pistas para analisar de onde vem nossa personalidade, que teve influência em quase tudo o que conquistamos, e continuará tendo no que esperamos conseguir.

A arma e o gatilho

A personalidade de uma pessoa é resultante da interação da hereditariedade com o ambiente, manifestada por meio de comportamentos, que são padrões relativamente estáveis na forma de sentir, pensar e agir.

A descoberta da estrutura do DNA pelos cientistas James Watson e Francis Crick, em 1953, e, principalmente, os resultados do Projeto Genoma, publicado em 2001, facilitaram a compreensão das raízes biológicas da personalidade. Por causa dos avanços na Engenharia Genética, surgiu uma nova ciência chamada "Genética do Comportamento", que é o estudo da influência dos genes na personalidade.

"Os genes não restringem a liberdade humana – eles a possibilitam", diz o cientista Matt Ridley. Sozinha, a genética não determina o que seremos, já que influências ambientais podem mudar a expressão dos genes. É muito importante frisar que quase todo comportamento tem um componente genético, mas sua manifestação depende de fatores ambientais (Epigenética). **"O gene carrega a arma e o ambiente puxa o gatilho"**, diz Ridley.

A obesidade em larga escala, por exemplo, é extremamente recente na população humana. Lutamos contra a fome por cerca de cinco milhões de anos, e só nos últimos anos passamos a ter alimentos com relativa abundância.

Nosso corpo, no entanto, continua geneticamente programado para agir como nos períodos de escassez, armazenando reservas na forma de gordura, para usá-las numa emergência. Só que situações críticas, como eras glaciais que duravam centenas de anos e que afetavam a coleta de alimentos e animais, não ocorrem atualmente. Nossa genética mudou pouco, mas o ambiente mudou bastante, já que ficou muito mais fácil obter alimentos sem precisar lutar contra a natureza todos os dias.

Passaram a fazer parte da dieta de bilhões de pessoas muitos alimentos ultraprocessados, cheios de gordura trans, com alta quantidade de açúcar refinado, com substâncias químicas que melhoram o sabor e aumentam o prazo de validade, e são mais baratos que os alimentos naturais, como frutas, verduras e grãos integrais.

Daí resulta que cerca de um terço dos brasileiros e dois em cada três norte-americanos têm sobrepeso. A obesidade virou uma epidemia mortal, já que aumenta a probabilidade de doenças cardiovasculares, diabetes, câncer, entre outras condições graves.

Para ilustrar este fato, na década de 1970, pesquisadores da Escola Paulista de Medicina fizeram dezenas de expedições para acompanhar a saúde de indígenas que tinham pouquíssimo contato com a civilização, pois habitavam a região do Alto Rio Xingu, no norte do Mato Grosso. As tribos estudadas ainda sobreviviam da caça, pesca, coleta de vegetais e plantação de mandioca, ou seja, de maneira parecida com nossos antepassados há milênios.

Nas análises feitas nos primeiros dez anos desses contatos, não foi encontrado um único caso de doença cardiovascular, diabetes ou obesidade na população local. Eles eram atléticos, cheios de energia e muito ativos fisicamente (mesmo as crianças), pois precisavam buscar seus alimentos todos os dias.

Já nos anos 2000, cerca de 70% desses indígenas, ou seus descendentes, tinham problemas cardiovasculares, 40% eram diabéticos e 50% eram obesos. Em um período de menos de trinta anos após os primeiros contatos com as "facilidades" da vida civilizada, povos com mais de dez mil anos vivendo da natureza passaram a ser pessoas com sérios problemas de saúde.

Não quero fazer julgamento de valores, mas apenas demonstrar com fatos a importância dos fatores ambientais. A genética continuava exatamente a mesma de seus antepassados, mas, como o ambiente mudou drasticamente – com a oferta de alimentos processados e bebidas alcoólicas e pouca necessidade de exercícios físicos —, doenças que antes não existiam passaram a fazer parte da vida dessas pessoas. Repetindo: **"a genética é a arma, o ambiente o gatilho"**.

Tendência ou destino?

A obesidade tem uma forte correlação com fatores ambientais, mas é tendência, não destino. Se alguém com predisposição genética para a obesidade tiver a disciplina de comer alimentos saudáveis, em quantidade controlada, e praticar exercícios regulares poderá ser magro a vida inteira, desde que sobreponha seus instintos – de comer exageradamente e de poupar energia.

O mesmo vale para a predisposição para certos tipos de câncer. Hábitos saudáveis diminuem a probabilidade de a doença surgir, assim como maus hábitos podem provocar seu aparecimento, mesmo em pessoas sem essa tendência.

Existem dezenas de estudos que indicam que atividade física regular faz toda a diferença, como mostra o trabalho da Universidade de Massachusetts, nos Estados Unidos, publicado na revista científica *JAMA Network* em setembro de 2021.

Os pesquisadores acompanharam 2.110 adultos de 38 a 50 anos por uma média de 10,8 anos e concluíram que caminhar em torno de 7 mil passos diários reduz a mortalidade por praticamente todas as causas em adultos. Durante o período do estudo, participantes que deram pelo menos **7 mil passos por dia (cerca de uma hora de caminhada) tiveram o risco de mortalidade até 70% menor** do que aqueles que não praticaram a atividade.

Importante frisar que o benefício vem com caminhadas em qualquer ritmo, não importando a intensidade. O cardiologista Mateus Freitas Teixeira comentou sobre o estudo em matéria do jornal *O Globo*: "Simplesmente buscar caminhar mais, como ir ao mercado, ao banco, à padaria a pé, subir de escada em vez de pegar elevador, também conta no cálculo diário do estudo. Atividade física é remédio para diabetes e hipertensão, dentre muitas outras doenças crônicas, mas precisa de regularidade", conclui o médico.

Portanto, é possível, com fatores ambientais controlados por você, prolongar a vida e ter muito mais saúde, mesmo que sua genética não seja tão favorável.

Para fins práticos, vamos ao que interessa: como saber quanto do que somos resulta da genética e quanto do ambiente no qual fomos criados?

A melhor maneira de obter essa resposta ainda é pela observação de gêmeos idênticos em suas rotinas, por muitos anos ou décadas, tanto aqueles que sempre conviveram, mas principalmente os que foram separados nas primeiras semanas de vida e que nunca se encontraram. Esses estudos conseguem estimar quanto da personalidade tem origem genética e quanto se deve ao ambiente familiar ou às experiências pessoais.

Pesquisadores da Universidade de Minnesota, nos Estados Unidos, acompanham cerca de 8 mil gêmeos desde o início dos anos 1990 e os resultados (confirmados por mais de cem estudos comparativos) mostraram que doenças como depressão, bipolaridade e esquizofrenia, e talentos como habilidades musicais e atléticas, inteligência lógico-matemática, entre outras, têm forte componente genético. Características como preferências culinárias, senso de humor, religião, afinidades políticas e atividades sociais dependem mais do ambiente.

Esses estudos permitem estimar que alguns dos principais traços da personalidade – como introversão ou extroversão, ansiedade ou estabilidade, dominância ou submissão, concentração ou dispersão – são, em média, 50% herdados. Os outros 50% vêm do ambiente.

Chega-se à estimativa do meio a meio, porque embora a maioria dos comportamentos seja influenciada por um conjunto de genes, os estímulos ambientais conectam ou desconectam esses genes.

O que nos faz únicos

Quem conhece ou convive com irmãos com pequena diferença de idade, percebe que, desde os primeiros meses de vida, eles já demonstram diferenças de personalidade, que vão se acentuando com o tempo. Um era mais dominante; o outro, obediente. Um parecia calmo; o outro, agitado. Prefeririam brincadeiras e brinquedos diferentes e quase nunca tinham os mesmos amiguinhos. Essas distinções ocorrem mesmo entre gêmeos.

Como isso é possível? No caso de gêmeos univitelinos, a genética é rigorosamente a mesma, mas o ambiente, que grosso modo julgamos semelhante, na verdade é diferente!

Desde o nascimento as experiências vividas por cada criança são únicas; o relacionamento com os pais e cuidadores nunca é o mesmo; as sensações de medo, angústia e prazer vêm em diferentes momentos; aprendizado, gosto por certos alimentos, habilidades, matérias preferidas, estilo de leitura, maneira de lidar com frustrações e muito mais. A soma dessas pequenas particularidades, durante alguns anos, será o suficiente para formar diferentes personalidades mesmo em pessoas biologicamente iguais.

Um dos principais motivos para essas diferenças pode ser explicado por pesquisas, indicadoras de que a maioria dos pais com mais de um filho (podem ser 2 ou 10) tem maior afinidade por um deles.

Em um desses estudos, coordenado por J. Jill Suitor, da Purdue University, pesquisadores perguntaram a adultos se suas mães realmente tinham um filho preferido quando eles eram pequenos. Aproximadamente 85% dos entrevistados disseram que percebiam essa tendência quando todos moravam sob o mesmo teto. Esse comportamento é praticamente universal, por mais que nossos pais neguem qualquer preferência.

Significa que, se você, leitor, tem dois filhos, é muito provável que "goste" um pouquinho mais de um deles. Pai e mãe dificilmente admitirão publicamente, mas o vovô ou a vovó são mais explícitos – o avô tem 25 netos, mas um deles é claramente o seu favorito. Você que é tio, professor, amigo ou conhecido da família, tem suas afinidades em relação às crianças, não tem?

Se as dez ou vinte pessoas com quem os jovenzinhos mais convivem os tratam diferentemente dos irmãos, como afirmar que o ambiente é o mesmo? As diferenças começam por aí e vão se aprofundando com o tempo.

* * *

No próximo capítulo, vamos "beber diretamente na fonte" e estudar a teoria da estrutura da personalidade, concebida por Sigmund Freud, o "pai" da Psicanálise. Ele foi o primeiro estudioso notório a compreender e explicar a importância dos primeiros anos de vida para a formação da personalidade do adulto. Usarei exemplos dessa teoria em pontos que, quase cem anos depois de concebida, ainda são bem aceitos por muitos estudiosos da personalidade.

4

A psicologia básica e a formação da personalidade

> "Para predizer o que vai acontecer é preciso saber o que ocorreu antes."
>
> Nicolau Maquiavel

Sigmund Freud foi um dos primeiros a compreender a importância dos primeiros anos de vida para a formação da personalidade do adulto. Essa análise será útil para entendermos como são formados os ciclos viciosos, os ciclos virtuosos e de onde surgiu o conceito de Inteligência Emocional, que atualmente é muito mais debatido e divulgado do que a teoria original.

Freud explica

Na tese freudiana, a estrutura da personalidade é composta por três partes: **id**, **ego** e **superego**. O id está voltado a despertar impulsos que buscam o prazer, sendo aquele lado instintivo que não mede as consequências dos atos, procura gratificação imediata e não tolera frustração.

Nas primeiras semanas de vida, as exigências do id são satisfeitas com carinho dos pais e cuidadores, higiene adequada e alimentação conforme demonstração de fome. É a parte puramente instintiva e, portanto, automática de qualquer humano recém-nascido.

O id no bebê se manifesta por meio do choro (às vezes, em alta intensidade quando o desconforto é grande) ou por sorrisinhos, que são as primeiras demonstrações de prazer. Obviamente, fazem suas necessidades fisiológicas a qualquer momento, pois o id, ainda sem competição, faz apenas o que deseja.

À medida que a criança se desenvolve, percebe já no primeiro mês de vida que nem sempre terá alimentação, afeto e bem-estar. Às vezes, sente dores, como cólicas, desconfortos, como frio ou calor ou excesso de luminosidade, ouve barulhos incompreensíveis e não obtém o seio da mãe ou a mamadeira para se alimentar sempre que sente fome. Inconscientemente, percebe que não existe mais toda a proteção, a alimentação e a temperatura estável que tinha no útero e que deixava o id saciado.

Com isso, aos poucos, o bebê incorpora as novas condições impostas pelo meio, pois nem tudo que gera prazer imediato está disponível. Para se adaptar a essas exigências, começa a se desenvolver uma nova parte da estrutura da personalidade, o **ego**, que terá como principal função controlar os impulsos e desejos, administrar as frustrações, decidindo se devem ser saciados imediatamente, mais tarde, ou nunca.

Ou seja, a criança começa, a partir dos primeiros meses, a negociar e a barganhar.

Se chorar bem alto lhe darão mais atenção, se der muitos sorrisos seus cuidadores serão mais carinhosos, calorosos e farão gestos que demonstrem aprovação.

A PSICOLOGIA BÁSICA E A FORMAÇÃO DA PERSONALIDADE

À proporção que continua se desenvolvendo, a criança também descobre que existem normas e restrições estabelecidas pelos pais, pelos cuidadores e pela sociedade, que se repetem com muita frequência por frases ou atos de insatisfação. Quando são bebês, é comum ouvirem: "Não aguento mais esse choro"; "Que criança insuportável"; "Já sujou a fralda de novo?"; "Não consigo dormir por sua causa". Obviamente o bebê não compreende as frases, mas sente a reprovação.

Por volta dos 2 ou 3 anos começa a ouvir com frequência: "Não faça barulho"; "Pare de correr"; "Me obedeça"; "Coma verduras"; "Não brigue com seu irmão"; "Está na hora de dormir"; "Chega de brincar com o celular"; "Não faça bagunça", além de gritos, ameaças, e, infelizmente, alguma forma de violência física, desde palmadas leves a agressões. Além disso, interpreta expressões não verbais de desaprovação, raiva, angústia e ansiedade dos adultos.

Essas normas e regras sociais, reprimendas dos pais e exigências do dia a dia acabam se incorporando à personalidade, constituindo a terceira parte de sua estrutura, o **superego**, que gera impulsos constantes de autocensura na criança e continua atuando conforme crescemos.

No adulto, ele reprime e critica, funcionando como um freio para quaisquer ações. Para o superego, tudo que se deseja é errado, perigoso, faz mal ou simplesmente não é merecido.

Tanto o id quanto o superego são irrealistas, pois agem sempre de forma imediata e irrefletida; o primeiro, sempre buscando o prazer; o segundo, automaticamente censurando.

Freud, que nem sonhava com a tecnologia atual, afirmava que a personalidade de um adulto era o resultado de como se deu a estruturação do id, do ego e do superego nos primeiros anos de vida. Ele também dizia que, com o passar do tempo, os conflitos emocionais, problemas mal resolvidos e as disputas entre o id e o superego na infância (lembram-se da importância das primeiras sinapses?) acabam por gerar dezenas de neuroses nos futuros adultos.

Felizmente, não é só desgraça. Para lidar com os extremos, existe o ego, que desde os primeiros anos desempenha o papel de integrador, controlando as exigências de prazer imediato do id e a feroz autocrítica do superego.

Toda criança vai adquirir consciência de sua inaptidão para sobreviver sem a ajuda de um adulto. Essa sensação de dependência é o ponto de partida para que aprendamos quais ferramentas (ou mecanismos de defesa) usaremos durante a nossa vida.

A maneira como se deu as milhares de disputas entre id, ego e superego determinará, em grande parte, quanto teremos de paz e segurança (ou tormento e insegurança) quando adultos. É outra maneira de interpretar que os primeiros anos nortearão o sentido de nossa existência. Se quando crianças fomos exageradamente reprimidos, exigidos, criticados e humilhados, tenderemos a ter um superego predominante na estrutura mental. Se, pelo contrário, todos os nossos caprichos, desejos e vontades forem atendidos, por mais egoístas que sejam, tenderemos a ter um id fortalecido, comandando nosso dia a dia. Os extremos sempre serão ruins e prejudiciais à saúde mental de qualquer um. É muito importante esclarecer que as três partes da estrutura psíquica não podem ser consideradas isoladamente em seu funcionamento, pois elas são interdependentes. A maneira como lidamos com as disputas entre id, ego e superego define o sentido de nossa existência.

Seguem alguns exemplos de situações relativamente comuns e as consequências causadas por elas.

Construindo a personalidade na prática

Vejamos duas situações que ilustram a construção das três partes da personalidade na infância.

Situação A – *O filho ou a filha implora por um carrinho ou boneca fora da época de Natal ou aniversário. Os pais ficam tocados e compram com algum sacrifício, a criança fica feliz quando recebe o presente, se anima com a novidade nas primeiras horas, demonstra excitação, tira fotos e manda para os coleguinhas, mas no fim do dia fica entediada – o prazer já não é o mesmo –, começa a se frustrar porque recebeu imagens de outros modelos com mais tecnologia e destrói o brinquedo "porque ficou com vontade".*

Situação B – *Os pais são chamados pela direção da escola – pela terceira vez –, pois o filho, além de ter notas ruins, ultimamente tem feito bullying com crianças menores.*

Reação da família 1

A família 1 é formada pelo pai, pela mãe e por um menino de 7 anos de idade. Os pais tiveram uma infância muito humilde, inclusive passando fome em alguns períodos mais difíceis. O pai é formado em Administração de Empresas e presta serviços administrativos em um condomínio de alto padrão, e a mãe trabalha como enfermeira em um hospital próximo ao condomínio. Moram em um pequeno apartamento recém-comprado. Levam uma vida regrada, e procuram dar o melhor para que o filho não passe pelas mesmas dificuldades que eles.

Na situação A – *Por "excesso de "amor" os pais quase sempre relutam em advertir ou impor limites para a criança, com medo de frustrá-la. Superprotegem, ignoram o egoísmo dela e, ainda, compram outros brinquedos, que também são abandonados em poucas horas, ou destruídos com a mesma fúria durante toda a infância.*

Na situação B – *Os pais colocam a culpa na escola, nos professores por ficarem de "mimimi" e nos outros alunos que "não deveriam se importar", sem reconhecer a gravidade do fato, já que o filho "tem muita energia e não faz por maldade". A única providência, além de continuar mimando a criança para "evitar qualquer frustração", é trocá-lo de escola.*

Neste modelo de atuação, quando um dos pais tenta impor algum castigo devido a essas más condutas e de outros comportamentos ruins, a criança começa a gritar ou chorar, dizendo que os colegas têm melhores brinquedos, que ninguém o apoia, que se sente infeliz, e, para caprichar na chantagem, simula dores ou doenças inexistentes ou joga o pai contra a mãe ou vice-versa.

Ela aprendeu a manipular os pais, avós ou parentes para que tenha seus desejos atendidos imediatamente, já que "não tem culpa de os pais serem pobres".

No início da adolescência o quadro tende a piorar, pois, mesmo sabendo que a família tem poucos recursos financeiros, continua exigindo roupas, celular e qualquer outro adereço que deseje, pois sente uma necessidade incontrolável de "ser igual aos colegas mais abonados". Com receio de o filho sofrer ou se revoltar, muitas vezes os pais se endividam para "dar ao filho o que nunca tiveram", sem perceber que estão cometendo um erro grave.

O drama evolui na escala de danos, pois o adolescente se recusa a estudar, a contribuir com pequenas tarefas, como arrumar a cama, e agora exige a liberdade de ir a festas, beber, chegar a qualquer hora em casa, pois "precisa se divertir com o que tem". Os pais se conformam e é comum afirmarem: "quando chegar aos vinte e poucos anos melhorará..."

O filho, agora adulto, parou de estudar, não permanece em emprego algum, não tem relacionamento fixo, fica embriagado ou aparentemente drogado com frequência, mas nega, ofendido, e se diz incompreendido pelo mundo. Continua a procurar caminhos que tragam imediato prazer, andando com péssimas companhias e fazendo chantagem emocional para continuar vivendo na sombra dos pais.

Prováveis consequências

Com a repetição sistemática, por anos, de atitudes permissivas, maus exemplos e falta de limites, famílias que atuam nesse modelo de conduta acabam criando um "monstrinho" que, quando adolescente, vai virar um "monstrão" e, por fim, um adulto problemático, com o id a prevalecer na personalidade. O resultado desse estilo de educação será a baixa tolerância à frustração, a impulsividade, o desrespeito à autoridade, e o abuso sobre os mais fracos.

Está preparado todo o cenário para gerar um preguiçoso, que vive para sugar as energias emocionais e financeiras das pessoas que o cercam. Bateu o carro? O papai conserta. Foi preso com drogas? A mamãe solta. Não consegue arrumar um emprego? Os pais bancam.

O "menino" ou "menina" tem 35 anos, e a mamãe continua a defendê-lo do mundo cruel.

Reação da família 2

A família 2 é formada por pais extremamente rígidos, e três crianças de 14, 12 e 8 anos. A mãe é uma advogada bem-sucedida e o pai tem uma pequena indústria. Ambos são competitivos e trabalhadores, mas transformaram a casa em um verdadeiro quartel militar. A norma é "manda quem pode, obedece quem tem juízo". A disciplina acaba virando imposição e os filhos são extremamente reprimidos; há horários rígidos para tudo; a comida não pode ser contestada; nota abaixo de 8 na escola é punida com castigos, às vezes físico. Os três filhos são inseguros, ansiosos e o mais novo demonstra sintomas de depressão, pois não quer sair de casa e evita os amiguinhos, pois tem vergonha dos pais.

A filha mais velha, de apenas 14 anos, conseguiu emancipação por via judicial para morar com uma tia que a acolheu alegando maus-tratos e violência psicológica.

Na situação A *(caso do brinquedo)* – *O filho do meio ganhou o presente e o quebrou. Além de uma bronca aos gritos, ficou três dias de castigo e ainda tomou chineladas.*

Na situação B *(o caso da escola)* – *O problema é com o filho mais novo que está cada dia mais instável, com picos de agressividade seguidos de apatia. O diretor percebe que o comportamento ruim é um pedido de socorro da criança e propõe um acompanhamento psicológico não só dela, mas também dos pais, que se revoltam com a falta de rigor da escola e ridicularizam a sugestão de tratamento. O filho é punido com mais castigos e transferido para uma escola com regime draconiano.*

Prováveis consequências

Tais comportamentos e atitudes, quando repetidos por anos de forma sistemática, vão **reforçar o superego** e o senso de inferioridade da criança. Isso vai ter como consequência o desenvolvimento de um adolescente, e depois um adulto, com baixa autoestima, depressivo e inseguro. Os pais estão contribuindo para a formação da estrutura de um adulto disfuncional.

Neste caso, os pais alegam que precisam ser rígidos para preparar os filhos para a dura realidade do mundo, mas não percebem que estão equivocados.

Reação da família 3

A família 3 é formada pelos pais, um menino de 10 anos e uma menina de 6 anos. Os pais são executivos de grandes empresas, trabalham muito, inclusive aos finais de semana, e os filhos convivem muito mais com a babá do que com eles. Ultimamente perceberam, com base nos sinais, que estão falhando na educação dos filhos e estão genuinamente diminuindo a carga horária no trabalho para ter mais tempo com as crianças.

Na situação A *(caso do brinquedo) – Explicam para a filha que se privaram de outras coisas para comprar o presente e que, por tê-lo destruído, ela ficará sem ganhar outros brinquedos até o dia do Natal. Explicam também que toda ação negativa ou positiva tem consequências: é a lei da causa e efeito demonstrada na prática.*

Na situação B *(caso da escola) – Procuram saber, realisticamente, quais foram os motivos do mau comportamento do filho e, com carinho e firmeza, aplicam castigos não físicos, como proibir televisão, videogame, celular, mídias sociais ou aquilo de que a criança sinta falta, como consequência pelo comportamento* *inadequado. Além disso, orientam o filho a se desculpar com as crianças que ele humilhou.*

Em seguida, com muito mais cuidado, acompanham o dia a dia do filho na escola, para que os maus comportamentos não se repitam.

* * *

A soma de bons exemplos, atitudes e condutas equilibradas por toda a infância provavelmente formará um adolescente e, depois, um adulto com o ego predominante na personalidade. Essa criança será um adulto responsável e um profissional assertivo, respeitoso e justo, características que possibilitarão uma carreira bem-sucedida.

As reações dos pais aos acontecimentos positivos e negativos é que vão nortear qual dos três componentes (id, superego e ego) da personalidade prevalecerá.

Outra informação relevante é que até os 10 ou 11 anos as pessoas mais importantes na estruturação da personalidade são os pais e/ou cuidadores próximos. Normalmente, a partir dessa idade o círculo de amigos começa a ter cada vez mais importância, chegando a influir de maneira decisiva entre os 12 e 18 anos de idade. Por isso, tanto quanto a boa educação e os exemplos em casa, é fundamental acompanhar de perto as relações de amizade dos filhos.

Sou pai e estudioso do assunto há quase quatro décadas, mas não possuo a "fórmula mágica" da educação ideal, e não tenho a pretensão – nem a competência – para escrever um manual para pais. Mas tenho plena noção da responsabilidade ao educar filhos para uma vida emocionalmente equilibrada.

A importância dos professores

Também é fundamental ressaltar a grande importância dos professores nos primeiros anos, já que um enorme número de crianças convive mais tempo com eles do que com os pais.

Ademais, esses profissionais são os pilares estruturais na educação infantil, pois, além do ensino formal, muitos acabam se tornando referência emocional fundamental nestes primeiros anos, principalmente quando a criança vem de família desestruturada. Portanto, deveria haver uma enorme priorização (dinheiro, tempo e foco) de todos – governos, iniciativa privada, pais e a própria sociedade – na valorização, no desenvolvimento e na formação dos professores que atuam, principalmente, nas primeiras séries.

Não basta repetir o discurso que a educação é importante se a sociedade não compreender, de verdade, que os primeiros anos são a época mais significativa na vida de qualquer ser humano.

* * *

Exigir mais do que uma criança consegue alcançar significa reforçar a sensação de inferioridade. Ao atender a todos os seus caprichos, corre-se o risco de formar um adulto com baixíssima resiliência. Os extremos sempre serão prejudiciais. A seguir, cito exemplos de como poderíamos atuar de maneira equilibrada.

Para exemplificar, analisaremos os resultados da interação do id, ego e superego na vida adulta.

Situação C – *Uma pessoa que está em dificuldades financeiras e desempregada é convidada por amigos a fazer um cruzeiro marítimo.*

Quando o id predomina na personalidade, a reação mais comum seria: "Quero viajar porque gosto, e não suporto a tensão do desejo e da frustração. Quanto ao dinheiro, tomo emprestado ou uso o limite do cartão de crédito. A vida é uma só!".

Quando o superego predomina na estrutura da pessoa em questão, normalmente a reação é: "Além de não ter dinheiro, não mereço. Minha vida é uma droga, não tenho perspectivas profissionais, meus amigos não se preocupam com minhas dificuldades e eu seria uma péssima companhia. Ficarei em casa sofrendo".

Se o ego for predominante, a reação seria: "Quando a situação estiver melhor, farei essa viagem. Por enquanto, basta um bom livro, que, além de não ser caro, vai ajudar a me manter bem informado".

Situação D – Alguém vai a uma festa e se depara com uma situação constrangedora: há muita gente e pouca comida!

Quem tem o id predominante parte para a ação: "Estou com fome; vou encher o prato antes que acabe e que se danem os outros".

A pessoa com forte superego pensa: "Ficarei por último e só comerei se sobrar alguma coisa, e mesmo assim me sentirei culpado por passar fome e não ter iniciativa".

Se contar com o ego fortalecido, provavelmente a pessoa tomaria a seguinte atitude: "Vou ajudar os anfitriões a comprarem salgadinhos na lojinha da esquina e, com bom humor, pedirei para o pessoal maneirar porque veio mais gente que o esperado".

Situação E – Há uma fila enorme para comprar ingressos para o cinema.

O id ordena: "Estou com pressa e não tolero esperar; furarei a fila e, se alguém reclamar, fingirei que foi sem querer".

O superego reagiria assim: "Acho que não adianta ficar na fila. Sou tão azarado que, quando chegar a minha vez, não haverá mais ingressos".

Com o ego a decisão seria: "Já que a fila está grande, vou procurar outra opção e deixar para assistir ao filme durante a semana, quando não há tanta gente".

Situação F – *É sexta-feira e o gerente pede que todos os funcionários venham no sábado para uma reunião de emergência.*

O id determina: "Hoje é dia de festa. Vou tomar todas e não trabalharei no sábado. Se quiserem me demitir, será um favor".

O superego não alivia: "Pelo tom da conversa, acho que haverá demissões e tenho certeza de que serei um dos alvos".

Com o ego no comando, a decisão seria: "Tinha intenção de viajar, mas, se o chefe pediu para vir, deve haver algum motivo importante".

* * *

Tais decisões dependerão do processo de interação das três partes da personalidade, de quais exemplos tivemos como norteadores, de que forma percebemos as consequências resultantes das boas e más decisões, de que maneira éramos recompensados, ou punidos, e quais critérios eram adotados.

Embora não percebamos, as disputas entre o ego, o id e o superego acontecem centenas de vezes, todos os dias.

Obviamente, qualquer adulto poderá melhorar suas decisões utilizando o ego com mais frequência.

Quanto você tem de id, ego e superego?

É possível fazer uma análise de como está balanceada sua personalidade entre essas três partes. Preencha o teste a seguir com base naquilo que você efetivamente é no seu cotidiano e não no que gostaria de ser. Marque de 1 a 5 quanto à frequência com que esses comportamentos aparecem.

1. Quase nunca.
2. Poucas vezes.
3. Com frequência.
4. Quase sempre.
5. Sempre.

O ideal seria preencher o teste sozinho e, depois, pedir para que pessoas que o conheçam bem façam essa análise sobre você. Assim, terá uma avaliação de terceiros, para comparar com a própria percepção.

Padrão 1

_____ Sou comilão.
_____ Sou irresponsável.
_____ Sou insensível a críticas.
_____ Sou egoísta.
_____ Tenho ataques de raiva.
_____ Sou impulsivo.
_____ Sou acomodado.
_____ Sou grosseiro.
_____ Sou intolerante.
_____ Sou inconsequente.
_____ Perco o controle.

Soma 1 = _____

Padrão 2

_____ Sinto-me injustiçado.
_____ Sou depressivo.
_____ Sou reprimido.
_____ Sou medroso.
_____ Sou indeciso.
_____ Sou inseguro.
_____ Sou desanimado.
_____ Sou pessimista.
_____ Sinto-me azarado.
_____ Sou muito crítico comigo mesmo.
_____ Não consigo dizer o que penso.

Soma 2 = _____

Padrão 3

_____ Vivo de acordo com a realidade, sem me deixar levar por fantasias.
_____ Reconheço os meus erros, quando ocorrem.
_____ Estou bem adaptado profissionalmente.
_____ Sou capaz de descansar e distrair-me nos períodos de lazer.
_____ Sou autoconfiante, mesmo perante situações adversas.
_____ Sou flexível para mudar de opinião, quando necessário.
_____ Mantenho relacionamentos estáveis.
_____ Interesso-me pelos semelhantes de maneira construtiva.
_____ Estabeleço amizades duradouras.
_____ Promovo o bem-estar da minha família.
_____ Consigo ser franco, sem ofender as pessoas.

Soma 3 = ____

Soma 1 = ____

Soma 2 = ____

Soma 3 = ____

Total = _____

Calcule a porcentagem de cada aspecto:

1. Soma 1 ____ x 100 = ____
Dividido pelo total ____ = ____ % **id**

2. Soma 2 ____ x 100 = ____
Dividido pelo total ____ = ____ % **superego**

3. Soma 3 ____ x 100 = ____
Dividido pelo total ____ = ____ % **ego**

Esses totais representam os percentuais de id, ego e superego em sua personalidade, baseados em sua percepção atual. **Como referência, tenha em mente que o ideal seria que o ego ultrapassasse os 50%.**

Como a personalidade tem certa maleabilidade, é desejável que o percentual do ego aumente com o passar dos anos, e isso acontecer significa que, aos poucos, você está evoluindo!

* * *

No próximo capítulo veremos como a evolução da psicologia mudou para sempre a maneira de interpretar o mundo.

5

A psicologia na gestão de pessoas e negócios

"O analfabeto do século 21 não será quem não consegue ler ou escrever, mas aquele que não conseguir aprender, desaprender e, por fim, aprender novamente."

ALVIN TOFFLER

Há mais de cinquenta anos, a psicologia é utilizada na área de gestão de pessoas e negócios com diferentes abordagens: análise de personalidade, avaliação de estilos comportamentais para prognosticar o potencial individual, indicação de terapias rápidas, como a cognitivo-comportamental, entre outras atividades ligadas ao assunto. No entanto, em 2002 ocorreu um fato que mudou a história, e a partir de então esse tema passou a fazer parte do cotidiano das pessoas e das empresas de forma muito mais abrangente e respaldada por conclusões científicas, que abordarei a seguir.

Distorcendo a realidade

A tese do psicólogo Daniel Kahneman chamada *Prospect Theory*, também conhecida como a teoria dos vieses, conclui que as falhas e distorções nos processos decisórios são **regra, não exceção**, e que decidir logicamente em situações que envolvam riscos é muito raro, quando deveria ser o contrário. **"O ser humano, geralmente, se dá por satisfeito com avaliações superficiais, que vêm rapidamente à mente"**, afirma Kahneman, indicando que os instintos e comportamentos inconscientes têm um peso muito maior que as tomadas de decisões lógicas e racionais.

Ele é judeu e passou a infância com o pai, a mãe e a irmã se escondendo dos nazistas em diferentes locais na França. Em 1948, emigrou para Israel, fez faculdade de Psicologia e, recém-formado, foi contratado pelas Forças Armadas israelenses para, como atividade principal, montar uma estratégia de avaliação de soldados recém-recrutados. Sua tarefa era identificar aptidões e vocações (quem seria oficial, ou piloto, ou operador de tanques; quem teria mais resistência emocional para lutar na linha de frente ou fazer trabalhos na retaguarda, e assim por diante) em jovens em torno de 18 anos.

Ele desenvolveu e testou uma estratégia de avaliação tão brilhante que continua sendo empregada até hoje pelos militares de Israel e serve como referência para outras nações.

Kahneman saiu das forças militares e passou a dar aulas e fazer pesquisa aplicada na área de psicologia da Universidade de Jerusalém, depois mudou-se para os Estados Unidos e foi professor em algumas universidades antes de publicar sua teoria.

Uma das principais conclusões de seus estudos é que tendemos a exagerar os próprios talentos. A maioria acredita estar "acima da média" na cota de características e habilidades positivas.

Veja alguns resultados das centenas de pesquisas realizadas com milhares de indivíduos: cerca de 70% dos entrevistados disseram estar acima da média em relação aos colegas quanto à capacidade de liderança, por exemplo. Apenas 2% se julgaram abaixo da média.

Ao avaliarem a própria capacidade de relacionar-se, em torno de 60% se consideraram entre os 10% melhores; e 25% se incluíram no patamar do 1% superior. Esses dados se repetiram sistematicamente em quase todas as áreas que exigissem alguma habilidade mais elaborada. Nos primeiros anos, Kahneman desconfiava tanto dos resultados que não os publicava: "Não é possível que quase todas as pessoas tenham uma visão tão distorcida dos fatos, principalmente quando avaliam a si mesmas, devo estar fazendo algo errado!".

Finalmente, ele mostrou alguns dos resultados para outro professor da universidade, Amos Tversky, que também ficou estupefato, mas se propôs a repetir os testes de Kahneman não só com estudantes, mas com profissionais de diferentes áreas: médicos, economistas, matemáticos, contadores, militares, engenheiros, advogados, professores etc.

Os resultados foram praticamente iguais! Mesmo profissionais experientes, nas mais diferentes áreas de atuação, tinham uma visão distorcida da realidade, principalmente quando se tratava de autoavaliar-se. Os dois às vezes discutiam e Tversky pedia para publicar os dados, mas Kahneman tinha receio de ser ridicularizado.

Tversky começou a disponibilizar alguns *papers* de ambos e as críticas eram demolidoras. Foram chamados de manipuladores, charlatães e outros termos impublicáveis: "Onde já se viu afirmar que pessoas – qualquer pessoa, mesmo as mais instruídas – distorcem a realidade! Isso é simplificação barata", muitos diziam.

Tversky não se importava e continuou publicando seus dados, mas Kahneman, inseguro, sofria calado. Em 1996 Tversky teve um câncer muito agressivo e antes de falecer pediu ao amigo que também publicasse seus experimentos.

Kahneman disponibilizou seus dados e os detalhes da metodologia, que poderia ser replicada por qualquer um a fim de comprovar a tese, ou desmascarar a pretensa farsa.

Dezenas de pesquisadores no mundo todo repetiram os experimentos e os resultados foram consistentemente validados. Uma das frases mais conhecidas de Kahneman se transformou em um mantra: **"distorcer a realidade é regra, não exceção"**.

E, pela primeira – e única – vez na história, um psicólogo ganhou, em 2002, o prêmio Nobel de Economia.

A história detalhada da epopeia de Kahneman e Tversky é contada no livro *O projeto desfazer*, de Michael Lewis.

Kahneman ficou famoso, e mudou o modo de avaliarmos qualquer coisa relacionada à tomada de decisões. Ele escreveu um livro espetacular chamado *Rápido e devagar: duas formas de pensar*, em 2011 e, em 2021, foi coautor de *Ruído: uma falha no julgamento humano*. Nessas obras ele explica toda sua metodologia de trabalho e apresenta dados para o público leigo no assunto. Aí vão algumas conclusões:

- Geralmente, acreditamos que somos mais honestos, capazes, inteligentes, educados e corretos do que as pessoas que conhecemos. E atenção! As pessoas realmente creem, sinceramente, nessas avaliações.
- Atribuímo-nos maior responsabilidade pelos sucessos e assumimos menor responsabilidade pelas falhas. Ou

seja, "se algo deu certo, fui eu quem fez, se deu errado, a culpa é de alguém".
- Tendemos a ter o efeito "holofote", ou seja, só prestamos atenção naquilo que vemos, sem perceber que existem muito mais coisas fora do raio de luz de um holofote na escuridão. Com isso, tendemos a supervalorizar o que conhecemos e descartamos ou até atacamos aquilo que parece contradizer nossos paradigmas.
- Procuramos evidências (muitas vezes *fake news* absurdas) que reafirmem, confirmem e validem aquilo em que acreditamos, e isso vale para praticamente tudo: posição política, religião, crenças, padrões morais, estratégia de investimentos, preconceitos, educação dos filhos etc.).
- Esse tipo de análise pouco rigorosa repete-se em quase todas as circunstâncias, mas principalmente naquelas que envolvam riscos, já que, sob pressão, tendemos a agir de forma automática, repetindo padrões, mesmo os que já deram errado. Portanto, reflete condicionamentos pré-programados.

Nossa baixa capacidade de agir de forma racional, principalmente quando se está sob pressão, provavelmente vem de nossos ancestrais e é muito mais forte do que percebemos.

- O ser humano é condicionado, instintivamente, a buscar emoções que vêm à mente com facilidade e toma decisões baseadas na satisfação imediata (lembra-se do id?) ou rejeita imediatamente o que parece desafiador (veja o superego em ação). O problema é que esses impulsos nos levam a tomar decisões equivocadas, o que normalmente resulta em péssimas consequências.

Razão ou emoção?

Essa superficialidade ao analisar o contexto também explica o "efeito manada": se a maioria está correndo para algum lugar (às vezes, em direção ao precipício), nós vamos atrás sem analisar os motivos. Fazemos isso ao prestar um vestibular sem convicção porque muitos da turma também o fizeram; ao contratar alguém para um trabalho importante sem checar referências; ao acreditar em boatos absurdos; ao julgar uma pessoa apenas pela aparência; ao fazer investimentos de risco sem analisar os desdobramentos; ao comprar bens ou serviços duvidosos por impulso; ao gostar de alguém ou odiá-lo sem avaliar os motivos e assim por diante.

Essas ilusões nos levam a ver o mundo não como ele é, mas como gostaríamos que fosse. Muita gente se acha corajosa, mas, mesmo quando comete um grave equívoco, se justifica dizendo que foi vítima de imprevistos e não de erros de avaliação. Coragem – afirma Kahneman – **"é uma disposição para correr riscos, desde que se conheçam as probabilidades de sucesso. Excesso de confiança significa irresponsabilidade, não coragem"**.

Ele resume sua tese afirmando que o ser humano tem dois grandes modos de ação mental: o **sistema 1** e o **sistema 2**.

Sistema 1: modo automático

Quando se está nesse modo de ação, a tomada de decisão é rápida, sem esforço, instintiva e reforçada por emoções. As decisões são determinadas pelo hábito e, portanto, difíceis de serem percebidas e controladas. A pessoa age como se estivesse no "piloto automático". Os comportamentos tornam-se inconscientes e quase sempre seguimos pelo caminho mais fácil, não pelo mais adequado. No sistema 1, costumamos cometer graves erros de avaliação.

Isso posto, não significa que o sistema 1 seja totalmente ruim. Na realidade, ele nos poupa esforço, gera previsibilidade e repete bons resultados, pois muitas de nossas qualidades, como altruísmo, empatia, amor incondicional (como o que sentimos pelos filhos), inteligência, raciocínio rápido, habilidades esportivas e senso de humor (entre outras várias), fazem parte do sistema automático.

O problema é que a regra também vale para os maus hábitos, como egoísmo, agressividade, inveja, vitimismo, preguiça, gula, vícios, preconceitos, entre vários outros, que, se não forem identificados, compreendidos e modificados, tenderão a se repetir.

Sistema 2: modo analítico

Implica agir baseado no raciocínio lógico. O pensamento é consciente, deliberado e analítico. É mais lento, exige mais esforço, demanda concentração redobrada, mas, em compensação, as decisões podem ser controladas e, como consequência, erra-se muito menos.

O que diferencia um sistema do outro é o esforço envolvido, pois operar no 2 é mais cansativo e consome muita energia, pois foge do padrão natural de agir por impulso, que muitos chamam de intuição.

Para comparar com a teoria freudiana, o id e o superego seriam o sistema automático, controlado tanto pelos impulsos do prazer automático (id), como pela autocensura (superego). O ego seria o modo analítico, que "ouve" os impulsos e pondera se devem ser atendidos ou ignorados.

O grande problema para conseguir melhorias relevantes, verdadeiras e duradouras é que o sistema 1 faz muito mais sucesso porque é fácil de ser vendido: "Leia tal livro e seja feliz!"; "Faça determinado curso e mude sua vida em uma semana!"; "Contrate meus serviços e fique rico!"; "Invista em meu negócio que você terá rendimentos dez vezes superiores ao mercado!"; "Obtenha seu diploma de curso superior em apenas seis meses e sem provas!"; "Consiga o crédito sem fiador!"; "Compre sem dar valor de entrada e comece a pagar apenas daqui a seis meses", e assim vai.

A maioria prefere atalhos ou fórmulas que prometem resultados imediatos e sem esforço. A proposta mais fácil quase sempre leva vantagem sobre a mais realista e trabalhosa.

- Colar nas provas dá resultados rápidos, mas as consequências ruins virão com o tempo devido à falta de aprendizado verdadeiro.
- Fazer regime tomando remédios para inibir o apetite é muito menos sofrido, mas pode gerar o efeito sanfona, pois, passada a ação do medicamento, a pessoa engorda novamente por não ter aprendido, de verdade, a se alimentar melhor.
- Usar remédios psiquiátricos para dormir têm efeito imediato, mas pode causar dependência química e emocional.
- Fazer um curso de "reprogramação mental" em um fim de semana, normalmente gera euforia imediata, mas raramente entrega o que promete no médio prazo.
- Passar a noite decorando o conteúdo para uma prova é menos trabalhoso que estudar meia hora por dia e realmente aprender o assunto.

- Analisar profundamente sua personalidade com um terapeuta experiente ou com bibliografias sérias exige muito mais dedicação que ouvir conselhos de gurus de autoajuda, que têm a mesma fórmula para todos.

A utilização do sistema 2 é mais trabalhosa, mas muito mais segura. Tudo que exige concentração, ou raciocínio mais elaborado, faz parte desse sistema.

Caso 3 – Virando a chave

Meu sistema 1, por exemplo, sempre foi falar em público. Tenho facilidade em estudar coisas aparentemente complexas, interpretá-las e transmiti-las verbalmente. Faço isso com naturalidade, desde criança. Preferia fazer provas orais (no meu tempo elas ainda existiam) a escritas.

Escrever é o meu sistema 2. Penso mais rápido do que redijo. E, com isso, perco o fio da meada várias vezes, tendo que recomeçar a cada momento. Invariavelmente, sofro para colocar no papel o que estou pensando, precisando reescrever várias vezes um assunto para lhe dar sentido. Para complicar, só consigo fazê-lo lentamente (faltei nas aulas de datilografia e agora me arrependo...).

Conseguiria explicar todo o conteúdo deste livro em dois ou três dias de treinamento e sobrariam algumas horas para responder a perguntas. Entretanto, para escrever a primeira versão desta obra gastei mais de um ano trabalhando durante horas, e quase todos os dias. Escrever por uma hora, sozinho, me parece um desafio maior que enfrentar um auditório lotado. Contudo, colocar as ideias no papel me ajuda a pôr ordem e foco no trabalho.

Por incrível que pareça, todo esse esforço para escrever gerou efeitos colaterais positivos: aumentei minha variedade de leituras; aprimorei meu raciocínio analítico; melhorei a didática; obviamente incrementei meus recursos na escrita e escrevi outros quatro livros. Para fazer esta nova versão tive bem menos dificuldades, mas ainda preciso de um esforço considerável.

Não tem sido fácil, mas valeu a pena! Devido aos livros, me tornei referência na mídia, aumentei minha demanda de trabalho e minha carreira mudou de patamar.

Cheguei a viajar cerca de 250 dias por ano e 100% de meus treinamentos ou palestras eram presenciais. Em meus mais de trinta anos de carreira nunca tinha feito algum evento a distância; nunca gravei videoaulas (tenho algumas palestras presenciais no YouTube – que foram gravadas ao vivo – e vídeos curtos com dicas, mas nada com mais de cinco minutos); e me recusava a fazer qualquer evento sem a presença de público.

Tinha convicção de que não conseguiria ter o mesmo desempenho sem a plateia para interagir.

Em março de 2020, no início da pandemia, recusei várias propostas (como fazia há anos) para fazer treinamentos ao vivo, a distância, até que um dos meus clientes mais antigos me deu um ultimato: "Precisamos de você agora e, se não puder nos atender, procurarei outra opção".

Meu sistema 2 falou mais alto e procurei me adaptar. Montei um miniestúdio em casa, contratei a melhor banda de internet disponível e comecei os trabalhos, meio desconfiado e ainda descrente.

A conclusão é que, entre abril de 2020 e dezembro de 2021 (quando finalizei o livro), fiz mais de 300 eventos (a maioria treinamentos de oito horas por dia) e foi uma revolução, pois as avaliações que eram excelentes ficaram ainda melhores.

Obviamente, sabia que tinha conteúdo e didática, mas muita gente que não abria a boca durante os programas presenciais, devido à timidez, começou a fazer perguntas por escrito durante e após os programas, o que aumentou significativamente a interação.

Além de ser muito mais cômodo para o participante (que permanece em casa, sem perder tempo com deslocamentos), ficou mais econômico e até mais dinâmico. Estimo que, nos próximos anos, no mínimo 50% dos eventos serão a distância.

* * *

Inconscientemente, usa-se o sistema 1 na maior parte do tempo, porque é ali que reside nossa zona de conforto mental. Entretanto, se o sistema 2 for usado um pouco mais, teremos grandes ganhos.

Prêmio e castigo

Em 2007, outro cientista, Eric Maskin, foi um dos ganhadores do prêmio Nobel de Economia pelos trabalhos desenvolvidos sobre os mecanismos econômicos no processo de incentivos e punições, que leva pessoas e empresas a melhores resultados.

Maskin afirmou que "não dá para criar regras em um mundo tão complexo quanto o atual, sem compreender as reais motivações das pessoas". Segundo ele, o ser humano sempre pensa em si mesmo, antes de levar em conta o bem-estar geral. **"A espécie humana é essencialmente egoísta e, com frequência, precisa receber estímulos individuais para agir em prol de uma causa que transcenda o próprio raio de interesse."**

O egoísmo não é um comportamento muito edificante, mas prevalece em quase todas as culturas. Maskin (que é matemático) sugere que economistas, empresários e governantes se aprofundem no estudo da psicologia para entender como funciona a tomada de decisões. "Quando analisamos os motivos dos fracassos, normalmente encontramos decisões baseadas em ilusões e não em fatos." Ele reforça, com outros estudos, basicamente o que Kahneman afirmou alguns anos antes.

Outro prêmio Nobel relacionado à psicologia foi entregue em 2005 a Robert Aumann e Thomas Schelling, pelo aprofundamento dos estudos sobre a teoria dos jogos, que é a ciência da estratégia. Ela estuda, com base na lógica matemática, as atitudes que o jogador deve tomar para assegurar o melhor resultado possível na resolução de conflitos empresariais, governamentais, e até pessoais.

O princípio básico dessa teoria é que **cada jogador deve colocar-se no lugar do outro e interpretar seu modo de pensar. Assim, o jogador antecipa as consequências das decisões alheias e utiliza essa informação para definir sua melhor opção, em cada jogada.**

O tempo gasto em estudar as motivações, necessidades e o estilo do outro jogador é essencial para alcançar quaisquer objetivos.

A teoria dos jogos pode ser aplicada em dezenas de situações: qual o caminho para vencer um jogo de xadrez ou de tênis analisando previamente o adversário; como educar melhor os filhos sem entrar em conflito com o cônjuge; qual a melhor estratégia para ganhar uma partida de futebol baseado no histórico do outro time; qual o melhor momento para comprar um imóvel, avaliando o contexto econômico e/ou a situação psicológica ou financeira do vendedor; como agir na demissão ou contratação de um funcionário etc.

Por fim, em 2017, Richard Thaler, que por mais de trinta anos aprofundou os estudos de Kahneman sobre os vieses nas tomadas de decisões, ganhou o prêmio Nobel ao analisar como a falta de autocontrole e a irracionalidade afetam as decisões individuais, bem como no mercado financeiro. Uma de suas frases mais famosas é **"o que lhe causa problemas não é o que você não sabe, mas aquilo que você tem certeza de que sabe, mas não é verdade"**.

Essa é a chamada "maldição do conhecimento": ao achar que dominamos determinado assunto, tendemos a ignorar quaisquer informações ou alertas que indiquem erro de avaliação, ou necessidade de estudo complementar para decidir com mais chance de acerto.

Pelas teorias de quatro ganhadores de prêmios Nobel de Economia, o ser humano toma decisões precipitadas (Kahneman); sempre está atrás de vantagens pessoais (Maskin); se quiser ter sucesso em qualquer negociação, deveria aprender a se colocar na pele do outro (Aumann); e, antes de decidir sobre temas que envolvam riscos, é fundamental que estude todas as alternativas, mesmo aquelas que são contrárias às próprias convicções (Thaler).

* * *

A conclusão mais importante desta primeira parte do livro é que as pessoas não se dão conta de que a maioria de seus atos são inconscientes, mas não aleatórios. Nossa personalidade e os comportamentos que a compõem são repetitivos, relativamente estáveis, previsíveis e, portanto, devem ser mais bem entendidos.

* * *

Agora que compreendemos como nossa personalidade foi formada, ficará mais fácil usar estratégias sobre o que fazer daqui em diante para diminuir a intensidade dos comportamentos que estão nos prejudicando e para reforçar aqueles que estão dando certo.

PARTE 2
A virada
Como melhorar o que somos?

"Comece de onde você está. Use o que você tiver. Faça o que você puder."

ARTHUR ASHE

6
Um adulto consegue mudar sua personalidade?

"Ser não puder destacar-se pela genialidade, vença pelo esforço."

Dave Weinbaum

Vários estudos, dentre os quais o do ganhador do prêmio Nobel James Heckman, indicam que o ser humano desenvolve cerca de 50% de sua capacidade de aprender nos primeiros oito anos de vida, e outros 30%, antes de completar a adolescência.

Isso significa que, nos primeiros anos, formamos as principais trilhas de aprendizagem no cérebro. Tudo o mais que aprendermos na vida será baseado nesse alicerce e todo o aprendizado posterior crescerá com base nesse núcleo.

Depois dessa idade, não interessa muito se o comportamento veio da genética, do ambiente ou de ambos (o que é mais provável). A base está formada e o importante é o que fazer daí para frente.

O psicólogo Erich Fromm já afirmava, há mais de setenta anos, que **"é possível fazer previsões a respeito dos** comportamentos de um indivíduo em situações futuras, pois, apesar de a personalidade adquirir alguma maleabilidade com o passar dos anos, a estrutura continuava sendo a mesma durante toda a vida".

Atualmente, neurocientistas confirmam que a estrutura da personalidade é relativamente estável em adultos saudáveis.

O escritor Malcolm Gladwell explica a estratégia genial da Inglaterra, durante a Segunda Guerra Mundial, para diferenciar as mensagens telegráficas falsas das verdadeiras enviadas pelos alemães. Os ingleses recrutaram milhares de interceptores para sintonizar, 24 horas por dia, informações trocadas entre as diversas forças alemãs inimigas.

Após alguns meses, perceberam que o menos importante era o conteúdo, pois os alemães sabiam que estavam sendo monitorados e trocavam muitas mensagens falsas – mescladas com as verdadeiras – para confundir os analistas. Depois de dois anos de análise dos dados, os estudiosos ingleses passaram a identificar cada telegrafista alemão pelo estilo dos pulsos (velocidade, utilização repetitiva de algumas palavras, erros gramaticais, forma mais pomposa ou simplória, entre outros). A mensagem podia ser falsa, mas o estilo não. Em meados de 1942, concluíram que a personalidade desses operadores se manifestava de forma automática, e inconsciente, pela maneira como trabalhavam as teclas do telégrafo.

O estudo chegou a tal grau de precisão que permitiu identificar cada operador alemão. Concluíram também que havia poucos operadores-chefes e que eles quase nunca enviavam mensagens falsas.

Devido a essa estratégia, os ingleses aprenderam a identificar as informações verdadeiras, conseguindo grande vantagem estratégica. Já naquela época, os psicólogos britânicos perceberam que a personalidade tinha um padrão identificável, estável e que duas pessoas jamais apresentam o mesmo estilo.

O que muda e o que não muda

Segundo James Heckman, a personalidade do adulto pode ser comparada a um prédio: não se muda sua estrutura, pois está baseada em fundações que pouco conseguimos alterar. É possível, no entanto, mudar o acabamento desse edifício quantas vezes desejarmos. Não se trocam as pilastras, mas pode-se modificar a fachada, os móveis, a pintura, a iluminação, a decoração etc.

Também é consenso que o aprendizado e a memorização de adultos requerem a formação de novas sinapses. Na realidade, o cérebro é maleável e sempre está reconfigurando seus circuitos de acordo com novos pensamentos e novas experiências. Os cientistas chamam de neuroplasticidade a capacidade de adaptação inerente ao cérebro.

É importante frisar que essa neuroplasticidade não é ilimitada e varia de pessoa para pessoa. Aprender a falar um novo idioma, cursar uma faculdade, mudar de cidade, estabelecer outro casamento, trocar de emprego, apesar de custar enorme esforço, seria o equivalente a mudar o acabamento.

A introversão, por exemplo, faz parte da estrutura da personalidade e, portanto, é improvável que um adulto introvertido, calado e tímido se transforme em uma pessoa extrovertida, sociável e falante. Entretanto, se um sujeito tímido se esforçar para se comunicar um pouquinho mais, estará mexendo no acabamento.

Tentar diminuir o excesso de dominância seria aprimorar o acabamento. Virar alguém submisso seria o equivalente a modificar a estrutura (o que é quase impossível). Ser menos impaciente é acabamento; transformar-se em alguém calmo seria modificar a estrutura, que seria impraticável.

Vamos entender resumidamente como ocorre esse processo e de que maneira poderíamos fazer alguns ajustes no acabamento.

Pensamentos geram ações

Já ouviu a frase: "Somos o que pensamos"? Em grande parte, é verdade, e isso se dá de maneira inconsciente, repetitiva e consistente.

Pensamentos geram sentimentos, que geram comportamentos (ações), que reforçam os mesmos pensamentos iniciais.

O ciclo vicioso

Pensar na pessoa amada traindo sua confiança gera um sentimento de raiva que induz comportamentos agressivos, que a afastam, reforçando os pensamentos sobre a traição, que muitas vezes é imaginária.

Concluir que seu chefe, sem motivos, não gosta de você induz a sensação de injustiça, que gera apatia – "não adianta me esforçar" –, que se transforma em comportamentos inadequados e, por fim, na demissão por falta de empenho.

Relembrar situações de fracasso aumenta a sensação de derrota, que inconscientemente produzirá ações que confirmem o fracasso, repetindo os mesmos reveses.

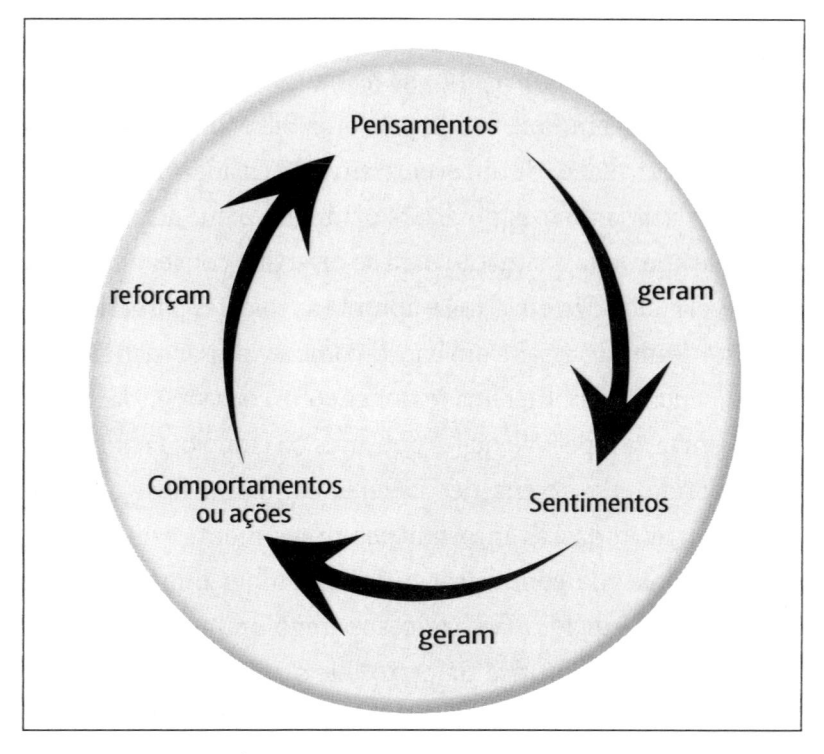

Figura 1. Os círculos vicioso e virtuoso.

Freud chamava esse mecanismo de "ato falho" ou "profecia autorrealizável": previsões negativas que sempre se cumprem para confirmar os prognósticos de quem as fez.

Por exemplo: "Falei que ia dar errado, e gastei dinheiro à toa!", ou "Eu nunca conseguiria, e nem deveria ter tentado!", ou ainda "Não importa quanto me esforce, nunca serei devidamente reconhecido!".

É importante saber que, se você quiser interromper esse círculo vicioso, vai ter de entender as causas do problema – que estão no passado – para melhorar os efeitos, que acontecem no presente e podem se repetir no futuro.

É como se fôssemos prisioneiros do sofrimento repetitivo. Lembra-se do filme *Feitiço do tempo*?

O personagem Phil, vivido pelo ator Bill Murray, vai fazer a cobertura jornalística de um evento em uma cidadezinha bucólica e sempre acorda no mesmo dia, não importa o que aconteça. No início ele aproveita a situação para se divertir e conseguir tudo o que deseja (olha o id em ação) e apronta as maiores barbaridades: bebe até desmaiar, assalta um banco, come até passar mal, arruma brigas, seduz quem interessa (e nunca sofre consequências negativas), em uma repetição que durou anos na cronologia normal.

Quando essa rotina de prazeres começa a ficar tediosa, mesmo com todas as informações previamente conhecidas, ele não consegue conquistar a única mulher que realmente ama, tenta o suicídio (vejam o superego em ação) das mais variadas formas e nunca dá certo. Ele sempre acorda, às seis horas da manhã, na mesma cama de hotel, com a mesma música que toca em seu rádio-relógio, e terá que repetir o mesmo dia, aparentemente, até o fim dos tempos. Que maldição!

O ciclo virtuoso

Por outro lado, se você é habilidoso em vendas, tem facilidade para fazer cálculos, toca bem um instrumento musical, aprende idiomas em pouco tempo, faz amigos em qualquer lugar, consegue ser franco sem ofender as pessoas, é empático e procura ajudar o próximo, pode ter certeza de que desenvolveu a base desses comportamentos positivos ou habilidades no passado.

Sabendo disso, seria importante entender as causas desses talentos para reforçar os efeitos do ciclo virtuoso.

Relembrar situações em que você foi bem-sucedido gera uma sensação de bem-estar, que estimula comportamentos (ações) que reforçam os pensamentos sobre o sucesso, realimentando esse ciclo positivo.

Lembrar-se de conquistas importantes, como um emprego concorrido, um diploma com boas avaliações, uma promoção, o acerto com um novo cliente, bons momentos com a pessoa amada, entre vários outros, aumenta sua autoconfiança, o que o torna ainda mais seguro de que pode conseguir feitos parecidos ou até mais relevantes, reforçando o padrão de pensamentos e ações relacionados a essas conquistas.

Esse bom astral pode ser mantido por mais tempo em sua mente se você também valorizar pequenos momentos de satisfação, como comer um pastel na feira que lembra sua infância, receber um agradecimento caloroso de um colega de trabalho, um abraço demorado de uma pessoa querida, a primeira vez que ouvir "papai ou mamãe" de um filho, um elogio do chefe por um trabalho bem-feito, o dia em que você fez um golaço no jogo de domingo.

Reter lembranças positivas na mente reforça a sensação de bem-estar, o que estimula, inconscientemente, seu cérebro a repetir as ações que tragam satisfação.

Voltando ao filme, depois de dezenas de tentativas infrutíferas de suicídio, Phil percebe que está preso em um círculo vicioso: seus pensamentos ruins criam péssimos sentimentos, que geram ações autodestrutivas, as quais realimentam seus pensamentos, e assim por diante.

Finalmente, ele resolve transformar a maldição da prisão no tempo em algo produtivo: faz aulas de música, ajuda idosos e crianças, salva vidas, aproveita para conhecer as pessoas com mais profundidade e, principalmente, pela primeira vez em todos os anos que ficou preso no tempo, abre o coração para a mulher amada, sem esperar nada em troca.

Ele, que sempre acordava sozinho, às seis horas do dia 2 de fevereiro, olha para o lado e vê sua amada dormindo profundamente. A maldição acabou e o tempo voltou a rodar, trazendo junto um enorme aprendizado.

* * *

Sempre haverá altos e baixos na vida de qualquer pessoa, mas quase sempre é possível relevar os momentos ruins e usufruir ao máximo os acontecimentos positivos de forma que o círculo seja majoritariamente virtuoso na semana, no mês, no ano e, quem sabe, na vida!

Caso 4 – A formação de uma equipe de trabalho

Fui contratado para selecionar e preparar novos supervisores para uma indústria frigorífica, em uma pequena cidade no interior.

Essa empresa contava com cerca de 3 mil funcionários, que trabalhavam nas salas de abate e corte de aves, e outros quinhentos, em diversas funções administrativas. Havia cerca de cem supervisores ao todo. A empresa iria expandir sua fábrica e precisaria de 30 desses novos profissionais. O desafio seria selecioná-los entre os 3 mil operários para, depois de treinados, assumirem a função de chefia para comandar grupos de 20 a 30 pessoas.

Os critérios estabelecidos foram:
- ter perfil para liderança (estrutura);
- estar disposto a receber treinamento intensivo (acabamento);

- ter disposição para trabalhar, inclusive em períodos noturnos (acabamento);
- ter ambição para ascender profissionalmente (estrutura).

A companhia fez uma ampla divulgação interna, e, durante entrevistas com mais de duzentos candidatos, em especial uma colaboradora me chamou a atenção.

Tinha cerca de vinte anos, estava há um ano na empresa e se destacava pela assiduidade, comprometimento e entrega de resultados acima da média. Viera de uma cidade muito maior, em busca de melhores oportunidades de trabalho.

Quando perguntei se ela não se incomodava de morar em uma cidade tão pequena, ouvi como resposta que, quando morava na capital, trabalhava como empregada doméstica e gastava mais de quatro horas para ir e voltar do trabalho. Além disso, não conseguia estudar à noite, pois morava em uma favela muito violenta e tinha toque de recolher decretado por traficantes. "Por isso, fiz o movimento contrário, mudei para uma cidade pequena, moro em uma casa simples com outras colegas, consigo chegar ao trabalho em dez minutos e, com isso, me sobra tempo e dinheiro para cursar uma faculdade. Comparando a como vivia, sinto-me no paraíso."

Ela foi selecionada, treinada e promovida a líder de sala, com menos idade que 90% das pessoas que passou a comandar e se saiu muito bem. Ela transformou um círculo vicioso em virtuoso.

O que ela mudou? Estrutura ou acabamento?

Mudar de cidade, de profissão, de relacionamentos é puro acabamento, pois a estrutura já estava lá.

* * *

Qual é a relação do id, ego e superego com estrutura e acabamento? Quando a pessoa se aprimora, está reforçando o ego e diminuindo o id e o superego.

É uma grande vantagem fazer uso do livre-arbítrio, fortalecendo o ego na tomada de decisões. Portanto, não vale como desculpa se acomodar porque a estrutura muda pouco. Pelo contrário, **é absolutamente possível e necessário melhorar de forma contínua o acabamento**.

Se fosse possível mudar a estrutura a todo momento, não teríamos comportamentos definidos e seríamos como uma massa de modelar: passaríamos de copo a jarro conforme a vontade de quem manipula. Na personalidade isso não acontece, pois temos uma forma definida. Não é possível transformar jarro em copo, mas é possível escolher qual líquido colocamos dentro dele.

A estrutura também poderia ser comparada a um cavalo, e o acabamento, ao cavaleiro. O cavalo é muito maior, mais forte e mais pesado. Entretanto, o poder está com quem?

Um cavaleiro bem treinado domina seu cavalo. **O acabamento deve dominar a estrutura**.

* * *

A seguir, veremos como funcionam os três grandes modelos mentais, qual é o seu modelo e como lidar com pessoas diferentes de você. Também haverá um teste que o ajudará a compreender melhor sua estrutura de personalidade e em que é possível ajustar o acabamento.

7
Os três modos de ver o mundo

> "Sua visão só ficará clara quando você se autoconhecer. Quem olha para fora, sonha. Quem olha para dentro, desperta."
>
> CARL GUSTAV JUNG

Como vimos nos capítulos anteriores, percebemos o mundo de uma maneira muito particular e temos a ilusão de que os outros percebem a realidade da mesma forma que nós. O problema é que esses diferentes pontos de vista podem causar transtornos, conflitos e insatisfações na vida de qualquer um.

Mostrarei a seguir um método que ajudará a entender como as pessoas – a começar por você – percebem a realidade, para, se necessário, promover ajustes.

Os termos visual, auditivo e sinestésico foram inicialmente cunhados na década de 1970 por teóricos como Richard Bandler, um dos pais da programação neurolinguística. Parte dessa teoria, como a ideia de reprogramar totalmente a mente, está em desuso, mas a interpretação dos modelos de mundo continua valendo nos dias atuais e por isso manterei a antiga terminologia, mas atualizarei as informações com dados mais recentes, assim como o fiz com a teoria psicanalítica de Freud, que é muito mais antiga, mas tem partes que continuam relevantes.

Três mundos diferentes

São três os grandes sistemas de linguagem neurológica pelos quais ocorre o processamento cerebral: o modelo *visual*, o modelo *auditivo* e o modelo *sinestésico*.

Na personalidade, há uma mistura desses três grandes modelos, que raramente são igualmente desenvolvidos. Em geral, um deles é predominante e isso acontece porque nosso cérebro nos induz a priorizar uma parte das experiências e a desprezar as restantes.

Os modelos de mundo são configurados na infância e estruturados antes do fim da adolescência. Depois dessa fase, permanecerão relativamente estáveis durante toda a vida.

Ser mais visual, auditivo ou sinestésico não é, necessariamente, bom ou ruim, porém tendemos a nos relacionar melhor com quem tem um modelo parecido com o nosso. Compreender essa teoria melhorará o autoconhecimento e facilitará o relacionamento com indivíduos cujos modelos são diferentes dos seus.

Modelo de mundo visual

O visual raciocina melhor por meio de imagens e suas lembranças contêm mais cenas do que sensações ou sons. Ele descreve a aparência de outras pessoas, ou coisas, mais facilmente do que aquilo que ouve ou sente. A pessoa visual se comporta como se seus pensamentos fizessem parte de um filme, e aprende melhor vendo do que ouvindo ou executando.

Está sempre atenta ao que acontece a sua volta e quase nunca consegue relaxar.

Usa as mãos para complementar, ou reforçar, o que está dizendo; movimenta-se bastante; é objetiva, rápida e tem um tom de voz elevado. Já que percebe o mundo como um grande filme, tudo que pareça estar em "câmera lenta" tende a irritá-la. Os visuais são agitados, têm o raciocínio rápido, fazem várias coisas ao mesmo tempo, inclusive fora do trabalho.

Os visuais extremos são impacientes e agressivos, mas isso não significa falta de respeito ou desinteresse. Pelo contrário, eles se comportam dessa forma para evitar que qualquer distração atrapalhe a projeção em sua mente.

Em geral, indivíduos visuais têm sucesso profissional em áreas que priorizam a rapidez e a objetividade.

Pontos fortes
- É objetivo.
- Tem iniciativa.
- É franco.
- É rápido.

Pontos fracos
- Pode causar medo.
- Pode não ouvir os outros.
- Pode ser precipitado.
- Pode ser agressivo.

Modelo de mundo auditivo

As pessoas auditivas dão mais valor à lógica do que à rapidez ou aos sentimentos. Repetem para si mesmas o que escutam e com isso demoram mais tempo para responder perguntas ou para reagir a estímulos externos.

Procuram tomar decisões baseadas em dados exatos e, por isso, sentem-se mais confortáveis ao lidar com tarefas do que com pessoas. Geralmente gostam de seguir normas, aprendem melhor ouvindo ou lendo do que assistindo a um filme, por exemplo.

Tal estilo se reflete em seu modo de falar, que tende a ser mais lento, pois faz frequentes verificações sobre suas conversas internas e pensa bastante antes de responder, reagir ou decidir.

No trabalho, costuma se destacar pelo rigor técnico, preferindo ambientes silenciosos e organizados. Por isso, muitos auditivos preferem chegar ao trabalho mais cedo, ou permanecer depois do horário.

Em geral, indivíduos auditivos têm sucesso profissional em áreas que exigem organização e precisão.

Pontos fortes

- É racional.
- É organizado.
- É cuidadoso.
- É bom ouvinte.

Pontos fracos

- Pode parecer frio.
- Pode ser lento.
- Pode se isolar.
- Pode parecer antipático.

Modelo de mundo sinestésico

Os sinestésicos interpretam o mundo pelo contato físico e pela emoção. Dão menos importância às informações que atraem o visual (rapidez) e o auditivo (lógica).

São extrovertidos, adaptam-se rapidamente a qualquer ambiente, mesmo que nunca o tenham frequentado. Aprendem melhor fazendo do que vendo ou ouvindo. São os que mais conseguem relaxar em seus horários de lazer e reagem melhor a estímulos relacionados ao olfato, tato e paladar. Costumam também ser pessoas criativas e intuitivas.

Para apresentar uma mensagem a pessoas sinestésicas, deve-se usar argumentos que criem um vínculo emocional. No trabalho, tendem a agir de acordo com os sentimentos pessoais, até para realizar tarefas técnicas.

Em geral, indivíduos sinestésicos têm sucesso profissional em áreas que exigem alto grau de empatia, seja no papel de negociadores, seja para lidar com o público.

Pontos fortes
- É bom em relações públicas.
- Trabalha bem em equipe.
- É criativo.
- É otimista.

Pontos fracos
- Pode ser superficial.
- Pode falar demais.
- Pode ser muito emotivo.
- Pode parecer ingênuo.

Teste seu modo de ver o mundo

Preencha o teste a seguir com base naquilo que você efetivamente é no seu cotidiano, e não no que gostaria de ser. Marque de 1 a 5 quanto à frequência com que esses comportamentos aparecem em seu dia a dia.

1. Quase nunca.
2. Poucas vezes.
3. Com frequência.
4. Quase sempre.
5. Sempre.

Modelo 1

_____ Sinto a necessidade de fazer as coisas o mais rápido possível.
_____ Sou direto.
_____ Falo o que penso, mesmo que desagrade às pessoas.
_____ Apresso os outros.
_____ Faço várias tarefas ao mesmo tempo.
_____ Tenho dificuldade em lidar com pessoas lentas.
_____ Faço as tarefas dos outros por não ter paciência de esperar que terminem.
_____ Não consigo ficar quieto.
_____ Interrompo as pessoas para completar o que dizem.
_____ Sou exigente.

Soma 1 = _____

Modelo 2

_____ Sou discreto.
_____ Sou tímido.
_____ Sou bom ouvinte.
_____ Faço uma coisa de cada vez.
_____ Sou organizado.
_____ Sou calmo.

_____ Sou pacífico.
_____ Penso antes de falar.
_____ Sou formal.
_____ Sou racional.

Soma 2 = _____

Modelo 3

_____ Sou extrovertido.
_____ Enturmo-me em qualquer ambiente.
_____ Sou emotivo.
_____ Sou criativo.
_____ Sou animado.
_____ Trato as pessoas com afeto.
_____ Sou falante.
_____ Sou popular.
_____ Adoro festas.
_____ Sou caloroso.

Soma 3 = _____

Resultado

Soma 1 = _____
Soma 2 = _____
Soma 3 = _____

Total = _____

Calcule a porcentagem de cada modelo:

1. Soma 1 ____ x 100 = ____
Dividido pelo total ____ = ____ **% de visual**

2. Soma 2 ____ x 100 = ____
Dividido pelo total ____ = ____ **% de auditivo**

3. Soma 3 ____ x 100 = ____
Dividido pelo total ____ = ____ **% de sinestésico**

Interpretação do teste

Predominância visual

Quem tem acima de 35% de modelo visual tende a apresentar as seguintes características:

- É impulsivo.
- É impaciente.
- Diz o que pensa.
- Tem ritmo rápido.
- É direto.
- Faz várias coisas ao mesmo tempo.
- É exigente.

Se a pessoa apresenta um percentual superior a 50% no modelo visual, enquadra-se em todas as características citadas acima de forma ainda mais intensa e, provavelmente, também demonstrará os seguintes comportamentos:

- Pode ser grosseiro.
- Pode ser intolerante.
- Pode ser insensível.
- Pode "explodir" por motivos banais.

Se o indivíduo tem aproximadamente 45% de modelo visual, 35% de modelo auditivo e 20% de sinestésico, significa que é rápido (lado visual) e consegue fazer as coisas de forma organizada (lado auditivo). Seu ponto fraco está na área relacional (lado sinestésico pouco desenvolvido).

Caso tenha aproximadamente 45% de modelo visual, 35% de modelo sinestésico e 20% de auditivo, será rápido (lado visual) e conseguirá construir bons relacionamentos (lado sinestésico). Seu ponto fraco será a desorganização e a falta de concentração (lado auditivo pouco desenvolvido).

Predominância auditiva

Quem tem acima de 35% de modelo auditivo tende a apresentar as seguintes características:

- É organizado.
- É reservado.
- Prefere ouvir a falar.
- Costuma pensar antes de responder.
- Evita ser o centro das atenções.
- É formal.
- Prefere o silêncio.

Se a pessoa apresenta percentual superior a 50% no modelo auditivo, enquadra-se em todas as características citadas acima de forma ainda mais intensa e, provavelmente, também demonstrará os seguintes comportamentos:

- Pode ser muito frio.
- Pode ser antissocial.
- Pode demorar muito para tomar decisões.
- Pode ser muito desconfiado.

Se o indivíduo tem aproximadamente 45% de modelo auditivo, 35% de visual e 20% de sinestésico, será organizado e introvertido (lado auditivo), mas atuará de forma rápida (lado visual). Seu ponto fraco serão os relacionamentos (lado sinestésico pouco desenvolvido).

Se tem aproximadamente 45% de modelo auditivo, 35% de modelo sinestésico e 20% de visual, será organizado e introvertido (lado auditivo), mas conseguirá manter relacionamentos (lado sinestésico). Provavelmente, sua maior dificuldade será a lentidão (lado visual pouco desenvolvido).

Predominância sinestésica

Quem tem acima de 35% de modelo sinestésico, tende a apresentar as seguintes características:

- É falante.
- Tem facilidade para criar novos relacionamentos.
- Emociona-se com frequência.
- É sociável.
- É extrovertido.
- Toca nas pessoas enquanto conversa.
- É afetivo.

Se a pessoa apresenta um percentual superior a 50% no modelo sinestésico, enquadra-se em todas as características citadas acima de forma mais intensa e, provavelmente, demonstrará também os seguintes comportamentos:

- Pode falar demais.
- Pode ser indiscreto.
- Pode ser "grudento".
- Pode ser muito sensível às críticas.

O indivíduo que tiver aproximadamente 45% de modelo sinestésico, 35% de visual e 20% de auditivo é sociável (lado sinestésico) e rápido (lado visual). Seu ponto fraco é a desorganização (lado auditivo pouco desenvolvido).

Se tem aproximadamente 45% de modelo sinestésico, 35% de auditivo e 20% de visual, será sociável (lado sinestésico) e organizado (lado auditivo). Seu ponto fraco será a lentidão (lado visual pouco desenvolvido).

Como viver melhor nos três mundos

É importante compreender que os outros têm ritmos e sentimentos diferentes dos seus. A sugestão é: para evitar conflitos desnecessários, adapte-se momentaneamente ao modelo das outras pessoas.

Se for lidar com auditivos, seja paciente. Ao lidar com visuais, decida mais rápido. Ao lidar com sinestésicos, seja informal. A seguir, discorro mais sobre como relacionar-se com cada um.

Sendo visual

Entenda que sua dominância, ansiedade e impaciência não mudarão significativamente por serem características estruturais da personalidade. Entretanto, para melhorar seu acabamento, procure não ser tão intolerante consigo e com os outros. Aumentar a flexibilidade certamente trará resultados positivos.

As pessoas visuais se dão bem em tarefas que exigem desafios, pressão por resultados em curto prazo e um estilo mais impetuoso em seu dia a dia.

Em geral, esse modelo tem pouco a ver com trabalhos que demandem concentração, paciência e organização. Visuais também deveriam evitar funções que exijam tratamento caloroso e diplomático com o público. Eles preferem ser francos, mas precisam tomar cuidado para não parecerem grosseiros. Visuais extremos têm dificuldade em se relacionar com pessoas de ritmo lento e com os mais emotivos.

Convivendo com um visual

Se você precisa conviver ou negociar com um visual, seja objetivo e vá diretamente ao ponto principal da conversa.

Quando ele estiver falando, evite interrompê-lo; espere uma pausa, para depois falar. Não considere a impaciência deles como algo negativo. Mostre que você pode resolver as coisas de forma assertiva, sendo rápido e demonstrando segurança.

Se for lidar com visuais extremos, prepare-se para ser ainda mais direto e rápido.

Não se ofenda com a intolerância que vierem a demonstrar. Geralmente, não é nada pessoal, já que costumam agir assim com quase todo mundo.

Sendo auditivo

As características da personalidade de uma pessoa auditiva podem ser mais bem aproveitadas de acordo com o ambiente em que convivem. Sua lógica apurada, seu perfeccionismo e sua frieza não vão mudar muito, porque são características estruturais. Entretanto, poderá melhorar seu acabamento sendo um pouco mais ágil em situações que demandam urgência.

Essas pessoas serão mais produtivas em funções em que a organização, a paciência e a concentração sejam valorizadas. Trabalhar com atendimento ao público, na maioria das vezes, será difícil para elas.

Se você se classifica como auditivo extremo (acima de 50%), use isso a seu favor. Atue em ambientes em que a qualidade seja mais importante do que a rapidez, e em que construir relacionamentos não seja prioritário.

Convivendo com um auditivo

Procure apresentar as propostas por escrito e detalhe os assuntos ao máximo. Quando os auditivos estiverem falando (o que é raro), incentive-os, fazendo perguntas, e tenha paciência para esperar as respostas. Não considere seu silêncio algo negativo. Dê tempo para que pensem e evite pressioná-los por reações rápidas.

Se for lidar com auditivos extremos, prepare-se para ser ainda mais paciente e formal, pois eles costumam demorar bastante para decidir. A frieza, em geral, não é pessoal, mas apenas sua maneira de se relacionar com o mundo.

Sendo sinestésico

Os sinestésicos enturmam-se em qualquer lugar e fazem amizades rapidamente. São os que melhor promovem comemorações, trabalham bem em equipe e são calorosos. Esse excesso de afetividade e a extroversão são características estruturais. Como sugestão de acabamento, procure ser um melhor ouvinte.

Suas habilidades sociais podem ser aproveitadas para unir as pessoas e tornar o ambiente mais harmônico. Devem priorizar trabalhos em que os relacionamentos são mais importantes do que a rapidez ou a organização. Seria prudente evitar empregos em que haja necessidade de muita organização ou ambientes silenciosos e formais. Quanto mais alta a sinestesia, maior a facilidade (e necessidade) de lidar com o público.

Convivendo com um sinestésico

Quando os sinestésicos estiverem falando, complemente as ideias deles e, se possível, pontue os argumentos com afeto e entusiasmo. Procure demonstrar atenção e leve a conversa para o lado pessoal, pois eles gostam de lidar com pessoas informais.

Atenção: não considere o excesso de informalidade como algo invasivo, nem se ofenda com sua maneira afetiva e curiosa. O calor humano é o ponto mais marcante da personalidade deles.

Aplique seu conhecimento sobre os modelos de mundo

Se você preencheu corretamente o questionário, terá em mãos o resumo de uma parte importante de sua personalidade, já que essas características o acompanharão pelo resto da vida.

Ao dominar essa teoria, poderá entender-se consigo e se relacionar melhor com os outros, tanto na vida pessoal quanto no ambiente profissional.

É importante compreender que, com sua neuroplasticidade – a capacidade do cérebro de se adaptar a diferentes situações – mais bem treinada, você poderá adaptar-se a qualquer um dos modelos em cerca de 10 a 20 pontos percentuais, para mais ou para menos.

Significa que, se você tiver 40% do modelo sinestésico, poderá transitar na faixa de 20% a 60% desse modelo e, depois de alguns minutos, voltar para sua zona de conforto mental, que é – neste exemplo – 40%. Dominar essa capacidade de ajuste contribuirá nos diversos desafios que podem ser encontrados no cotidiano.

Se você, por exemplo, negocia com muitas pessoas, terá maior facilidade em adaptar-se ao modelo de cada cliente – que, se for visual, exigirá objetividade e rápida apresentação de argumentos.

Se for auditivo, o ritmo do diálogo terá que ser mais lento, as demonstrações, mais técnicas e a argumentação, mais lógica.

Se a pessoa for sinestésica, será mais bem convencida por argumentações que envolvam emoções.

Para liderar uma equipe de trabalho, o raciocínio é idêntico. Sintonize-se na frequência de cada subordinado.

Coloque-se no lugar do outro

Mesmo quem nunca ouviu falar nos modelos de mundo provavelmente já usava de modo inconsciente a habilidade de se aproximar, psicologicamente, de outras pessoas. Essa capacidade se deve às células nervosas especiais, chamadas neurônios-espelhos. Elas atuam quando realizamos determinado movimento, mas também quando observamos alguém realizar qualquer ação.

A descoberta desse mecanismo indica que fazemos mentalmente aquilo que vemos alguém fazer, e que podemos sentir o que outras pessoas sentem.

É o conhecimento desse mecanismo que propicia a base biológica para a empatia, que é a habilidade de se colocar no lugar de outras pessoas. Ela nos ajuda a compreender as razões que levam alguém a fazer coisas que jamais faríamos, como, passar horas praticando determinado esporte que você detesta; valorizar o status, enquanto você não se importa com isso; gastar o que não tem, ou, então, economizar sem precisar.

Tudo que o indivíduo faz e sente está relacionado ao seu histórico de vida, e compreender como funciona mentalmente uma pessoa aumenta muito seu poder de persuasão, que começa com a capacidade de ouvir e não com a de falar.

Portanto, não importa se sua configuração dominante é visual, auditiva ou sinestésica, pois será possível desenvolver novas sinapses relacionadas aos neurônios-espelhos e com isso aprimorar sua empatia.

Interpretar o que o outro sente e adaptar 10 a 20 pontos percentuais, para ficar mais parecido com a pessoa, é aperfeiçoar o acabamento, sem precisar mexer na estrutura.

Aumentar a empatia melhora o jogo de cintura, que aumenta a inteligência emocional e reforça o ego.

* * *

Os modelos de mundo são um assunto bastante interessante, mas só explicam uma parte da personalidade. No próximo capítulo, estudaremos as inteligências múltiplas.

8
As ferramentas do aprimoramento

"A força não funciona onde se precisa de talento."
Heródoto

Os oito tipos de inteligência

Além dos três modelos de mundo, existe outra abordagem que ajuda a compreender como as pessoas usam seus talentos. Ela é chamada de teoria das inteligências múltiplas e foi desenvolvida por Howard Gardner. Seus estudos convergem com as conclusões da maioria dos neurocientistas, quando ele afirma que **"nossa genética define um limite para o desenvolvimento de nossas inteligências, mas nossas conquistas são fortemente influenciadas pelos valores de nossa família, e pela cultura do meio em que vivemos"**.

A tese de Gardner causou grande impacto, pois até o lançamento de seu livro *Estruturas da mente*, para a maioria das pessoas, inteligência era uma característica atribuída apenas a pessoas de alto QI (quociente de inteligência). Segundo o autor, esse era um conceito equivocado, pois não existe apenas uma, mas pelo menos oito inteligências ou talentos, e cada uma delas contém subinteligências. Seus estudos mostravam que as pessoas são habilidosas de diferentes formas e que nem todos aprendem da mesma maneira. **"A competência humana seria mais bem descrita como um conjunto de capacidades, talentos ou habilidades mentais que chamamos de inteligências"**, afirmou Gardner.

As pessoas têm talentos, mas em diferentes combinações e intensidades, que começam a se manifestar entre os 3 e os 6 anos de idade. Significa que quanto antes os pais proporcionarem aos filhos oportunidades de aprimoramento, mais desenvolvidos se tornarão.

No adulto, o sucesso pessoal e profissional dependerá do grau de dedicação e esforço para desenvolver essas inteligências e o modo como as utiliza.

Uma descrição resumida das oito inteligências

1. Inteligência corporal

É a capacidade de utilizar o corpo para se expressar, inclusive em atividades artísticas. Essa inteligência aparece em atores, bailarinos, mímicos, comediantes e em pessoas que usam a expressão corporal para encantar e entreter, como artistas de rua, que na maioria das vezes não são famosos.

Isso também vale para aquele amigo engraçado que nas festas faz performances e conta piadas divertidas.

Também possuem essa inteligência as pessoas que têm habilidade e destreza no uso das mãos, como artesãos, cirurgiões e as que usam o corpo para executar seus trabalhos.

2. Inteligência espacial

É a habilidade de interpretar o posicionamento de objetos. Essas pessoas conseguem prever um movimento milésimos de segundo antes das outras. É o caso de jogadores de futebol, vôlei, basquete, beisebol, tênis e vários outros esportes que têm relação com uma bola em movimento.

Além dos atletas, essa inteligência é comumente encontrada em pessoas que pensam de maneira tridimensional, como pintores, desenhistas e arquitetos. Também são dotados desse talento os pilotos e os navegadores com grande senso de orientação.

3. Inteligência linguística

É a habilidade de utilizar a linguagem para se expressar. Algumas pessoas possuem grande articulação verbal e conseguem se comunicar de modo claro e convincente na forma falada, outras pessoas conseguem usar essa capacidade escrevendo. Aqui estão inseridos os escritores, poetas, oradores, vendedores, negociadores, relações-públicas, professores e aqueles que têm facilidade para aprender idiomas.

4. Inteligência naturalista

É o talento para analisar os fenômenos da natureza, identificando, classificando e compreendendo os sistemas naturais. Aqui se enquadram os cientistas que estudam a natureza, além de ecologistas, agrônomos, veterinários, técnicos de laboratório, meteorologistas, físicos, geólogos, astrônomos e químicos. Essa é a inteligência mais encontrada nos povos que habitam as florestas e que dela tiram seu sustento.

5. Inteligência musical

Manifesta-se por meio da habilidade de interpretar ou reproduzir uma peça musical. Inclui a percepção de diferentes sons, sensibilidade para se adaptar a vários ritmos, habilidade para tocar instrumentos ou para cantar. Aqui entram os compositores e artistas famosos, mas também os músicos diletantes.

A maioria dos cantores, hoje famosos, ficou anos se apresentando em garagens, bares e festas, aprimorando essa habilidade, antes de emplacar o primeiro sucesso.

6. Inteligência lógico-matemática

Também conhecido como QI (quoeficiente de inteligência), é atributo de pessoas que têm grande capacidade cognitiva. Chegam a conclusões baseadas em dados numéricos e na razão. Têm facilidade em explicar assuntos complexos utilizando fórmulas, números e estatísticas. É comum nos indivíduos que raciocinam com extrema rapidez. Aqui entram os matemáticos, gestores, financistas e demais profissionais que têm facilidade para lidar com decisões multifatoriais em pouco tempo.

7. Inteligência intrapessoal

Pessoas com essa inteligência têm a capacidade de se autoconhecer, bem como atitudes capazes de melhorar a própria vida e a de outras pessoas. Em geral são mais reservadas, meticulosas, críticas e se analisam muito bem. É gente que avalia e interpreta os pensamentos e sentimentos e disso tira proveito. São indivíduos que podem ajudar outros a se conhecerem, pelo exemplo ou pela experiência. São os analistas, psicólogos, psiquiatras, teólogos e consultores que atuam como guias.

8. Inteligência interpessoal

Trata-se da capacidade que um indivíduo tem de analisar o estado de espírito, as motivações, as intenções e os desejos de outras pessoas. Consegue também estabelecer com grande habilidade redes de relacionamentos e interpretar a personalidade de desconhecidos, quase imediatamente. Possui grande empatia, presença de espírito e flexibilidade para se adaptar aos mais diferentes ambientes com desenvoltura. Aqui entram os gestores, vendedores, negociadores naturalmente carismáticos, técnicos de atividades esportivas e qualquer pessoa que utilize essa habilidade em seu cotidiano.

* * *

"Essas oito inteligências sempre funcionam combinadas, e qualquer papel adulto sofisticado envolverá a fusão de várias delas", complementa Gardner. Isso significa, por exemplo, que um violinista, para ser bem-sucedido, precisaria, além da inteligência musical, da capacidade de relacionar-se bem com a plateia (inteligência interpessoal) e do bom senso para escolher os melhores rumos para sua carreira (inteligência intrapessoal).

Um presidente de empresa, normalmente, além da inteligência lógico-matemática, terá as inteligências intra e interpessoal bem desenvolvidas. Um professor excelente reunirá, provavelmente, além da inteligência linguística, a inteligência interpessoal.

Pode também ocorrer que um indivíduo não tenha nenhuma das oito inteligências em alto grau, mas, em virtude da combinação ou mistura de cinco ou seis dessas capacidades, possa ser muito bem-sucedido em sua área de atuação.

QI e QE

O QI (inteligência lógico-matemática) e o QE (inteligência emocional) são duas inteligências tão importantes que merecem ser tratadas à parte.

E já que um dos principais objetivos deste livro é melhorar a compreensão do que é o acabamento e aprender a usá-lo com mais intensidade, será fundamental apresentar a diferença entre as habilidades cognitivas e as não cognitivas.

O QI, como vimos, era o maior indicativo de pessoas com alto grau de inteligência. Pessoas com alto QI aprendem quase sem estudar, fazem cálculos complexos, leem com muita rapidez e têm memória fotográfica. **"Uma pessoa com um QI alto tem uma grande habilidade cognitiva, adapta-se bem ao mundo do intelecto, mas pode ter profundas dificuldades em lidar com o mundo das pessoas"**, afirma o psicólogo Daniel Goleman, autor do livro *Inteligência emocional*.

Ainda segundo Goleman, as pessoas com alto QE possuem algumas habilidades não cognitivas e conseguem:

- Entender os sentimentos alheios.
- Utilizar diferentes formas para resolver problemas.
- Ter consciência dos próprios sentimentos.
- Avaliar ações e suas consequências.
- Lidar bem com frustrações.
- Identificar seus pontos fortes e fracos.
- Saber o momento de opinar.
- Sentir orgulho de si.
- Reconhecer seus erros.

Perceba como a descrição do QE de Goleman tem muita similaridade com as principais funções do ego fortalecido, segundo a teoria freudiana, e com a soma das inteligências intrapessoal e interpessoal, de Gardner.

O indivíduo com altíssimo QI e baixo QE geralmente é o primeiro aluno da turma, mas quase não tem amigos e, depois de formado, não consegue se adaptar à maioria dos empregos, porque só aceita fazer as coisas do jeito dele. O baixo QE faz com que se sinta incompreendido e, por isso, passe a viver isolado. São os gênios frustrados.

A pessoa com alto QE e baixo QI vai mal na escola, mas tem ótimo *network* e consegue trabalho pois tem jogo de cintura suficiente para se adaptar a diferentes contextos. Por outro lado, o baixo QI costuma limitar seu crescimento profissional.

Obviamente, há pessoas com QI e QE altos ou ambos baixos.

Vamos a três histórias que exemplificam essa questão.

Caso 5 – A subcelebridade desagradável

Um campeão mundial de xadrez, mal-acostumado com todas as benesses da fama, perdeu o passaporte em um aeroporto no exterior e tentou embarcar mesmo sem o documento, alegando que era uma pessoa conhecida e não deveria ter o tratamento de "gente normal".

O atendente explicou educadamente que, por questão de segurança, nem o primeiro-ministro poderia embarcar sem o item. Também sugeriu que ele obtivesse um passaporte provisório na embaixada de seu país.

O enxadrista ficou nervoso, gritou com os atendentes da companhia aérea, brigou com os outros passageiros e exigiu a presença da polícia, caso contrário ninguém embarcaria.

A polícia foi chamada, mas ele desacatou os policiais e acabou preso.

* * *

Esse é o típico caso em que ter um altíssimo QI não valeu para nada, pois o QE era muito baixo.

Caso 6 – Morando no mato

Conheci três empresários muito bem-sucedidos que adoravam fazer passeios na natureza, principalmente para fotografar animais silvestres. Um dos lugares preferidos do trio era o Pantanal, e eles eram conduzidos sempre pelo mesmo guia.

Naquela ocasião, resolveram adquirir uma casa simples, mas confortável, em Corumbá, a maior cidade da região, para presentear aquele senhor que os atendera com tanto esmero nos últimos trinta anos e que residia em um casebre isolado, nos cafundós do Pantanal sul-mato-grossense.

Por acaso, eu estava por perto quando chamaram o guia para dar-lhe a boa notícia.

— Joãozinho, temos uma surpresa para você! — disse um dos empresários.

— Opa! Vocês virão duas vezes por ano? — perguntou o guia.

— Nada disso, vamos comprar uma casa para você ter mais conforto, e viver na cidade!

— Há quanto tempo vocês vêm aqui?

— Há mais de trinta anos!

— Quantos dias vocês ficam aqui?

— Uma semana por ano, todos os anos.

— Quanto vocês gastam?

— Entre avião fretado, barcos alugados, equipamentos para acampamentos com todo conforto... É bastante dinheiro — afirmou o terceiro.

— Por que vocês só contratam a mim como guia?

— Porque você é o mais confiável; o que mais conhece a região, nos deixa seguros, tem jogo de cintura, nunca erra nas dicas e ainda é um grande contador de "causos".

— Então tá, eu só queria entender — falou o homem. — Vocês gastam uma fortuna, demoram meses planejando a viagem e passam um ano inteiro se matando de trabalhar para poder passar uma semana na região... **Eu faço isso todos os dias!** Tenho 70 anos, não sei ler nem escrever, mas ninguém se vira tão bem na mata como eu. Meus filhos estão criados, tenho uma saúde de ferro e vivo no paraíso. Não quero saber de uma casa onde não estou acostumado a viver. Se quiserem me recompensar, me deem um gerador novo e uns tijolos para eu reformar meu barraco, pois daqui ninguém me tira.

Os três empresários se entreolharam e riram. Compraram o gerador e os materiais que ele queria e deixaram agendada a próxima viagem com o pantaneiro.

> Inteligência emocional também é saber o que te faz feliz...

Caso 7 – A *supertrainee*

Há alguns anos coordenei um processo de seleção para contratar dez *trainees* entre centenas de candidatos, na cidade de São Paulo, e uma candidata, em especial, chamou a atenção de todos.

Ela morava em um bairro humilde e trabalhava em frente a uma faculdade próxima, vendendo cachorro-quente em um carrinho, atividade em que se revezava com a mãe. Passou no vestibular dessa mesma faculdade, conseguiu uma bolsa de estudos e no intervalo entre as aulas ajudava a mãe na reposição dos produtos.

Entretanto, sua mãe ficou doente, ela foi obrigada a vender o carrinho e conseguiu emprego em um restaurante próximo, que acabou fechando as portas devido à pandemia. Ela ficou sem o emprego, sem as aulas e passou a vender brigadeiros nos sinais de trânsito.

Em nenhum momento da entrevista ela se fez de vítima e seu estilo era assertivo e direto. Ela deixou claro que, se tivesse a oportunidade, daria seu melhor.

Os contratados seriam treinados para vender um software bastante complexo, a remuneração equivalia a um salário-mínimo e o período de treinamento seria de seis meses, com provas e avaliações semanais.

Somente os aprovados no treinamento seriam contratados pela empresa e, a partir de então, passariam a vender o produto e a receber comissões que possibilitariam ganhos até dez vezes maiores do que como *trainees*.

Ela foi contratada. Era a mais estudiosa, participava intensamente dos trabalhos em grupo, nunca faltou a uma única aula e, apesar de não possuir nenhuma experiência na área, nem um alto QI, terminou o programa de treinamento na metade do tempo previsto, com excelente desempenho e, com menos de um ano, foi promovida a instrutora, para treinar um grupo de novos colaboradores.

Seu desempenho continuou tão bom que ela recebeu uma pequena participação no negócio.

Mais uma vez o alto QE fez a diferença.

* * *

Provavelmente você deve estar pensando: "OK! A lógica parece interessante, mas qual é a receita? É possível fortalecer meu ego, melhorar meu acabamento e aumentar minha inteligência emocional?".

Vamos lá. O QI tem forte componente genético e é aperfeiçoado com estímulos cognitivos, principalmente na infância. Um adulto pode aprender novas profissões e adquirir novas habilidades técnicas, mas, segundo diversos estudiosos (dentro os quais James Heckman), não aumentará significativamente seu QI.

Já o QE, apesar de também ter um componente genético, se molda com hábitos, ensinamentos e exemplos aprendidos nos primeiros anos, mas continua a se desenvolver durante toda a vida.

Para um adulto é muito mais viável desenvolver o QE do que o QI. O QI é estrutural, o QE é "acabamental".

Para concluir, a estratégia inicial para aprimorar seu QE, desenvolver seu ego e melhorar seu acabamento é ter uma autoavaliação realista, para então decidir o que fazer.

* * *

É o que veremos no próximo capítulo, por meio da Janela de Johari.

9

A Janela de Johari: como nos vemos e somos vistos

> "O que lhe causa problemas não é o que você não sabe, mas aquilo que você tem certeza de que sabe, mas não é verdade."
>
> Richard Thaler

Como já vimos, o ser humano distorce suas percepções e a maioria das pessoas tende a exagerar suas habilidades e a não reconhecer suas falhas. Isso leva o indivíduo a ver o mundo não como ele é, mas como gostaria que fosse. O gênio da publicidade David Ogilvy dizia que **"comunicação não é o que você diz, mas o que o outro entende"**. Sua imagem, portanto, não é a que você projeta, mas a que os outros percebem.

Uma boa maneira de diminuir tais distorções é analisar as quatro Janelas de Johari. Trata-se de uma ferramenta que ajuda a conceituar o processo de percepção de um indivíduo em relação a si mesmo e aos outros.

	Conhecido pelo "EU"	Não conhecido pelo "EU"
Conhecido pelos outros	Arena	Mancha cega
Não conhecido pelos outros	Fachada	Desconhecido

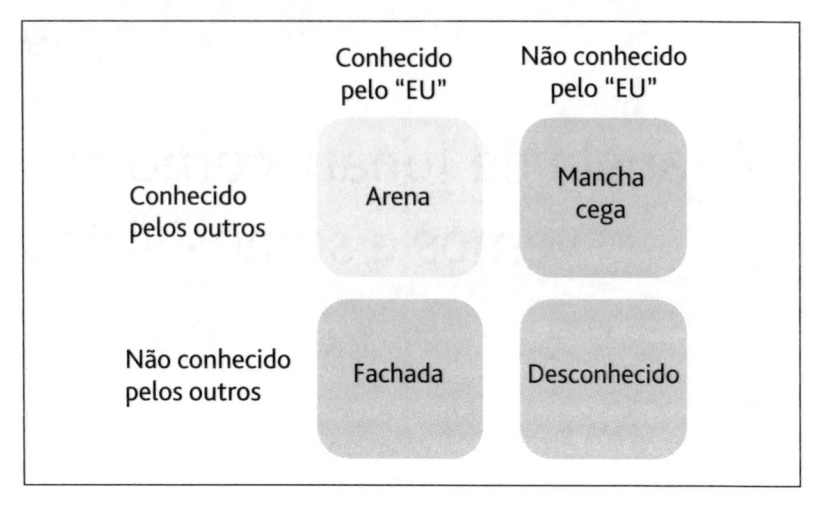

Figura 2 Janela de Johari.
Fonte: Adaptada de Fritzen, 1996.

A arena

A janela da arena está representada no quadrado superior esquerdo, na Figura 2. Nela se encontram os comportamentos conhecidos pela própria pessoa e por aqueles que com ela convivem. Nessa janela, portanto, estão as características de sua personalidade que são de conhecimento público.

A arena aumenta de tamanho à medida que cresce a confiança entre a pessoa e seu grupo de trabalho, ou entre ela e seu círculo íntimo. Quanto mais informações forem compartilhadas, maior será a arena.

Qualquer profissional deveria aumentar sua arena no ambiente de trabalho, pois seus talentos ficarão mais evidentes e poderão ser melhor utilizados, tanto pelo indivíduo quanto pela empresa. Os pontos negativos também ficarão expostos, dando oportunidades de ajustes no acabamento.

Quando a arena é maior que as outras janelas (Figura 3), dificilmente a pessoa é subaproveitada ou superestimada profissionalmente.

	Conhecido pelo "EU"	Não conhecido pelo "EU"
Conhecido pelos outros	Arena	MC
Não conhecido pelos outros	F	D

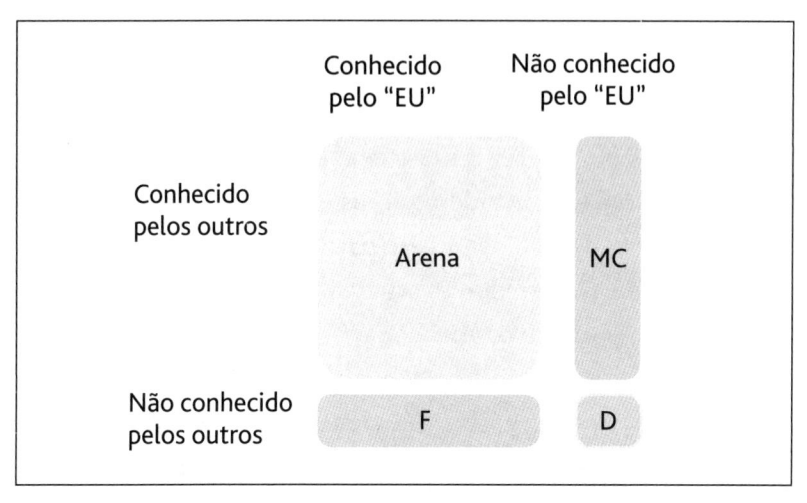

Figura 3 Janela "ideal" (cotidiano).
Fonte: Adaptada de Fritzen, 1996.

Caso 8 – A concursada frustrada

Veja o caso de uma amiga que estudou durante anos e passou em um concurso, extremamente concorrido, para trabalhar em uma empresa pública. Com isso, obteve um bom salário, estabilidade no emprego, aposentadoria com salário integral, muitos treinamentos, previdência complementar etc.

Seria o emprego perfeito? Não para todo mundo.

Após alguns anos ela se sentia insatisfeita e concluiu que o trabalho exigia menos desafios do que esperava encontrar. Havia muitos colegas acomodados, o nível de cobranças era baixo, os resultados não eram devidamente avaliados, as chefias mudavam com frequência devido a interferências políticas e as perspectivas de crescimento eram demoradas. Ela sentia que todas as benesses duramente conquistadas eram como bolas de chumbo que a prendiam ou a limitavam.

A partir dessa reflexão, começou um processo de autoanálise para decidir qual seria a profissão ou negócio ideal para alguém como ela. Fez sessões de mentoria, pediu a opinião de quem a conhecia, estudou os prós e contras e, depois de cerca de um ano, decidiu demitir-se para abrir um negócio próprio. Alguns colegas de empresa acharam que ela estava cometendo um grave equívoco ao abandonar um emprego como aquele.

Entretanto, sua convicção, e de quase todos que a conheciam, estava baseada em sua arena: ela era determinada, carismática, gostava de desafios e dominava plenamente a nova área de atuação. Além disso, formou uma reserva financeira que permitiria sobreviver sem renda extra por pelo menos dois anos se tudo desse errado.

Passados alguns anos ela está realizada profissionalmente, trabalhando por conta própria, utilizando ao máximo seu potencial e sem nenhum arrependimento.

O autoconhecimento a ajudou a tomar essa difícil decisão, mas também foi determinante o fato de que suas qualidades (e defeitos) eram reconhecidas por muitas pessoas que a ajudaram a dar essa grande virada na carreira.

A mancha cega

A janela da mancha cega está representada no quadrado superior direito, na Figura 1. Nela estão características ignoradas pela própria pessoa, mas conhecidas por quem convive com ela. Ali estão os comportamentos que o indivíduo não percebe ou não admite ter.

A mancha cega é a pior das quatro janelas, porque a pessoa não se dá conta do impacto que algumas de suas atitudes causam.

Quando alguém participa de um grupo de trabalho, por exemplo, costuma exibir comportamentos dos quais não tem consciência, mas que são facilmente percebidos pelas pessoas que a observam. Essas informações estão geralmente relacionadas à maneira de agir e expor opiniões.

Comportamentos como teimosia, chatice, arrogância, grosseria, apatia, egoísmo, instabilidade emocional, entre outras, costumam fazer parte da mancha cega.

Quanto maior a mancha cega (Figura 4), piores serão as perspectivas pessoais e profissionais.

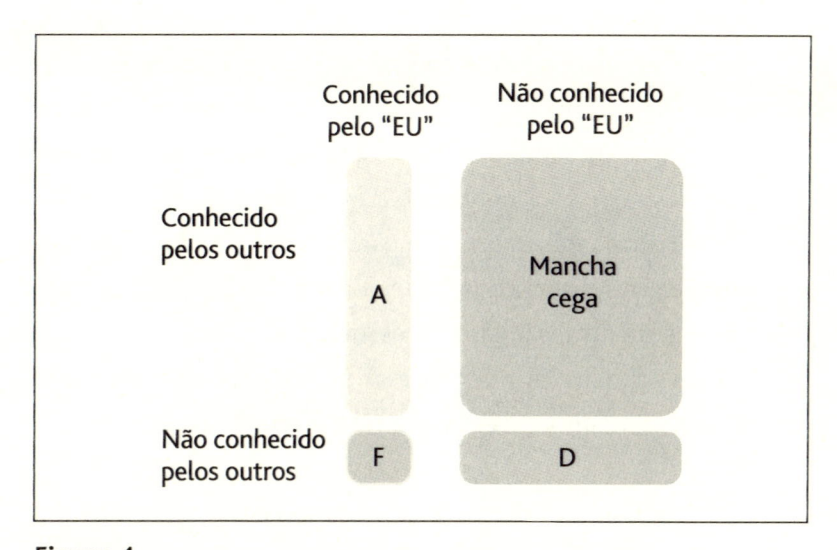

Figura 4
Fonte: Adaptada de Fritzen, 1996.

A melhor maneira de diminuir essa janela será pedir opinião a respeito de seus pontos fracos, tanto para seus amigos e familiares quanto para colegas de trabalho. Se você abrir o coração e pedir um *feedback* sincero sobre o que poderia melhorar, ficará surpreso com algumas destas análises e opiniões.

O problema é que culturalmente o brasileiro evita fazer críticas, pois muita gente se ofende e acaba se afastando. Portanto, se você realmente estiver disposto a evoluir, precisará buscar *feedbacks* sinceros. Reconhecer uma crítica não significa mudar a personalidade, mas compreendê-la e, eventualmente, fazer alguns ajustes.

Caso 9 – A sucessão frustrada

Um empresário decidiu que sua única filha seria sua sucessora. Ele era uma pessoa difícil, pois, além de extremamente exigente, inclusive com a própria família, era bastante convicto de seus pontos de vista, tendo dificuldade para aceitar sugestões de pessoas que não conhecesse muito bem.

Por anos vinha insistindo para que sua única filha se preparasse para assumir o negócio. Ela estudou no exterior e fez estágios em outras organizações, evitando a empresa da família com a justificativa de preparar-se melhor. Como o pai não conseguia a adesão da filha, contratou-me para identificar o problema.

Conversando com a moça, que tinha 25 anos na época, percebi que ela não queria assumir o negócio da família por receio de divergir do pai e abalar o relacionamento entre eles.

Tinha o perfil para a função (estrutura), as habilidades técnicas (acabamento), alguma experiência, mas decidiu ter uma carreira própria e evoluir por seus méritos, não por ser filha do doutor Fulano.

Sua decisão foi uma enorme decepção para o pai, já que ela nunca expusera de forma explícita seus desejos e sentimentos.

Para analisar melhor o contexto, reuni os dez executivos mais graduados da empresa para fazer uma avaliação profissional e pessoal do tal empresário. Resultado: todos o achavam genial na gestão estratégica do negócio, mas ele estava cada vez mais entediado com a rotina e com isso estava perdendo grandes oportunidades de crescimento devido ao seu desinteresse. "Ele até nos pede análises e opiniões, mas quase sempre é muito conservador e às vezes desabafa dizendo 'de que adianta investir em novos negócios se não tenho ninguém da família para me suceder?'. Mas ao mesmo tempo que deseja sair de cena, teme que o negócio afunde sem sua presença."

Ao coordenar programas de sucessão familiar, percebo que, em muitos casos, o fundador da empresa não se preparou emocionalmente para "passar o bastão".

A mancha cega os atrapalha muito, pois as pessoas têm receio de contrariá-los. Os sucessores também sofrem com a dificuldade que muitos líderes têm de efetivamente sair de cena. Eles dão o cargo, mas retêm o poder, pois interferem nas atividades mais corriqueiras, desautorizam decisões tomadas pelo sucessor e acabam gerando uma situação de duplo comando, já que o novo gestor detém o título, mas não consegue comandar, pois o fundador continua fazendo tudo do jeito dele.

Para obter êxito no processo de sucessão, analiso com profundidade a personalidade de todos os envolvidos, de executivos a potenciais candidatos. Quando concluo que há condições estruturais para que a sucessão continue, sugiro que seja feito um pacto de gestão, com um contrato contendo os direitos e deveres do novo comandante, estipulando um prazo para que o antigo presidente entregue o comando formal da empresa.

Terminado o período de transição combinado, o fundador sai da gestão, que passa de fato para as mãos do sucessor. Caso ele não apresente os resultados contratualmente estipulados, será dispensado, como qualquer outro funcionário. Se os números estiverem dentro da margem prevista, a autonomia aumenta.

O fim dessa história? A filha acabou seguindo uma carreira brilhante na área de comércio exterior e atualmente faz parte do conselho de administração da empresa que um dia herdará. O empresário ainda demorou algum tempo até perceber que deveria contratar um executivo em quem pudesse confiar e, aos poucos, com muita disciplina, profissionalizou a empresa, efetivou um CEO e assumiu a presidência do conselho de administração – ao lado da filha – com muito sucesso, já que sua experiência, brilhantismo e visão estratégica continuavam intactos.

* * *

A verdade normalmente não agrada, mas dificilmente ofende. Quando as pessoas enxergam sua mancha cega têm oportunidade de decidir o que fazer com esses comportamentos, que, uma vez conhecidos, passam a fazer parte da arena.

A fachada

A janela da fachada está no espaço inferior esquerdo da Figura 1 e representa as áreas da personalidade que o indivíduo conhece sobre si próprio, mas que não são conhecidas pelas pessoas com as quais ele convive. É na fachada que se encontram comportamentos que, pelos mais diversos motivos, a pessoa não quer que os outros saibam que existem.

Essa atitude de esconder opiniões e pensamentos pode ter relação com o medo de que, se o grupo conhecer esses comportamentos, poderá rejeitá-la, ou atacá-la de alguma forma.

É na fachada que está a intenção de controlar ou manipular os outros. Por exemplo: a pessoa se mostra compreensiva e calorosa, com o objetivo de conquistar a confiança de alguém e depois usar essas informações a seu favor.

Pessoas muito introvertidas quase certamente terão uma fachada bastante grande (Figura 5), não porque tenham algo a esconder, mas porque são tímidas.

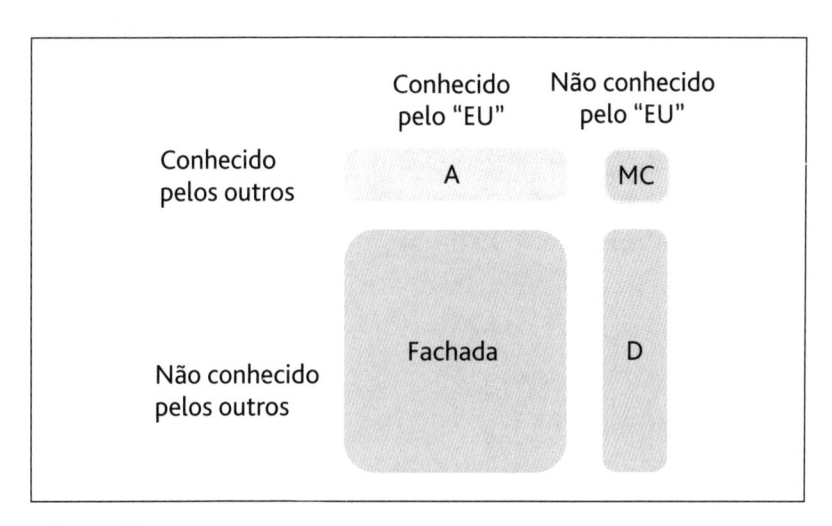

	Conhecido pelo "EU"	Não conhecido pelo "EU"
Conhecido pelos outros	A	MC
Não conhecido pelos outros	Fachada	D

Figura 5
Fonte: Adaptada de Fritzen, 1996.

Caso 10 – Excesso de discrição

Em certa ocasião, acompanhei um processo de seleção para o cargo de diretoria administrativa em determinada companhia. Surgiu uma candidata com ótimo currículo, referências excelentes e quinze anos de experiência em uma mesma empresa, galgando todos os cargos até chegar à diretoria financeira. Por todo esse histórico, tinha tudo para dar certo.

Foi admitida, mas três meses após sua contratação estava a ponto de ser demitida já que ela não opinava, não participava de forma ativa nas reuniões e evitava tomar decisões. Parecia intimidada com o novo desafio e, em vez de tomar a iniciativa de resolver os problemas mais graves, delegava para seus subordinados diretos.

Tivemos uma conversa franca em que expus o problema e perguntei-lhe o que estava acontecendo. Ela me disse que estava tentando ser discreta nos primeiros meses para evitar conflitos, pois achava que teria anos para mostrar seu estilo assertivo e franco.

"Na empresa em que eu trabalhava as pessoas demoravam anos para serem promovidas e quem reclamasse ou parecesse afoito era descartado. Só consegui ser promovida pois soube esperar o tempo certo de me posicionar."

Sugeri que ela mudasse o comportamento já que estava em uma empresa com uma cultura que valorizava a troca de opiniões e onde as divergências eram vistas como oportunidades de melhorias nos processos, e que se ela continuasse na fachada, acabaria sendo demitida.

Ela entendeu o recado, começou a correr mais riscos, demitiu algumas pessoas que estavam sabotando o trabalho dela, conquistou autoridade moral e passou muito mais tempo na arena, melhorando significativamente seu desempenho.

O desconhecido

A janela do desconhecido é a área da parte inferior direita na Figura 1. Representa fatores da personalidade de que a pessoa não tem consciência e que os demais ao seu redor também não. É o quadrante das motivações inconscientes. Essa área representa o "inexplorado" e poderá compreender potencialidades latentes e recursos por descobrir. Podem estar no desconhecido tanto forças quanto fraquezas, e raramente pessoas mentalmente saudáveis têm o desconhecido (Figura 5) predominando na personalidade.

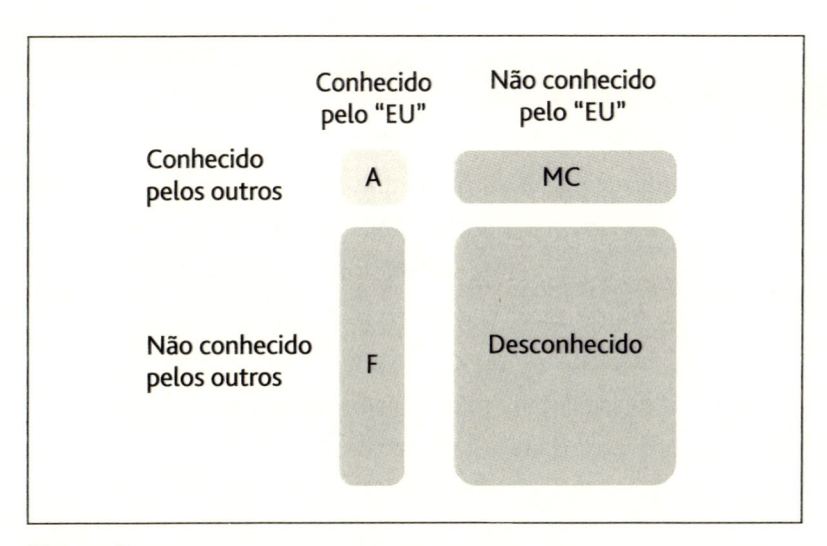

Figura 6
Fonte: Adaptada de Fritzen, 1996.

Várias vezes será preciso alguma curiosidade e muita coragem para tentar fazer atividades diferentes: um novo hobby, um curso totalmente fora de sua de *expertise*, um plano B na carreira, uma viagem sem roteiro definido, conversar com pessoas com opiniões diferentes das suas etc.

Tudo isso poderá contribuir para que você encontre talentos que não imagina ter, e que, uma vez conhecidos, passem a fazer parte de sua arena.

Caso 11 – Nova carreira depois dos 50

Uma colega dos tempos de cursinho resolveu *mochilar* pela Europa por um ano antes de se inscrever em vestibulares. Dizia que não conhecia ninguém da idade dela que realmente tivesse certeza de qual carreira seguir, e ela não cometeria o equívoco de cursar uma universidade sem ter convicção da profissão. Por isso, mesmo com poucos recursos, viajaria e trabalharia para se sustentar, pois precisava conhecer outras culturas e realidades antes de decidir seu futuro.

Perdi o contato com ela, mas trinta anos depois nos encontramos via mídias sociais e ela me contou sua história.

Ela é casada, tem dois filhos adultos e mora na Suíça há mais de vinte anos. Seguiu carreira na área de publicidade, ganhando vários prêmios. Contou que estava esgotada com a carreira de executiva, mas que continuaria no ramo por cerca de mais dez anos até se aposentar.

Entretanto, em março de 2020, no início da pandemia, perdeu o emprego e, enquanto aguardava uma nova proposta, resolveu fazer algumas *lives* nas mídias sociais com colegas de várias especialidades.

Conversou com médicas, arquitetas, psicólogas, engenheiras, advogadas, fisioterapeutas e outras mais sobre como iniciar uma nova carreira do zero. Normalmente começando a empreender em negócios que não tinham muita relação com a carreira original, tomando como exemplo a história de vida de suas amigas.

Ela fala fluentemente inglês, alemão, francês e italiano, além do português, então fazia cada *live* em um idioma e depois da gravação legendava nos diferentes idiomas e publicava em suas mídias.

O conteúdo era direcionado para mulheres, que moram em mais de trinta diferentes países com histórias impressionantes de como estão se desenvolvendo na nova profissão. O maior atrativo é que nem todas são bem-sucedidas e elas comentam abertamente as dificuldades e angústias pelas quais estão passando, criando uma enorme identificação com quem também está nesse estágio inicial.

Ou seja, não é mais um programa de "receita do sucesso", mas algo absolutamente honesto e realista.

Com o passar dos meses ela começou a intermediar mentorias de suas novas parceiras, passou a coordenar treinamentos on-line nas diferentes *expertises* e já está obtendo uma renda maior que a do emprego anterior.

Ela me contou que a necessidade, e não qualquer tipo de estratégia, a motivou a começar essa nova empreitada e que não tinha a menor noção de que teria tanta aptidão para trilhar o caminho atual.

* * *

Esse exemplo é de uma pessoa, entre muitas outras, que tem talentos "adormecidos" esperando uma oportunidade para serem aproveitados.

* * *

O grande objetivo de abordar a Janela de Johari é reforçar a importância do autoconhecimento. Aumentar a arena não significa mudar a estrutura, apenas posicionar-se de forma mais transparente para melhorar o acabamento.

Em todos esses anos de carreira, tenho percebido que é muito difícil nos conhecermos bem sem ouvir a opinião (às vezes, a crítica) dos outros a nosso respeito. O maior desafio é interpretar, de maneira construtiva, esses *feedbacks*.

Se você realmente quiser melhorar seu autoconhecimento (bem como convencer outras pessoas a mudar uma percepção distorcida), precisará ir muito além da mera boa vontade.

Howard Gardner afirma que os seres humanos pensam em termos de conceitos e que a mente está cheia deles. Alguns conceitos, por exemplo, são concretos (batata, televisão, livro, telefone); outros, abstratos (personalidade, amor, motivação, crença).

À medida que um conceito fica familiar, ele se torna mais concreto, quase como algo que podemos provar ou tocar.

Gardner argumenta que para um adulto com boa formação intelectual ser convencido de um novo assunto, um novo conceito, ou para mudar um preconceito (um conceito preestabelecido), precisará de, pelo menos, seis fatores ou "alavancas":

1. Dados científicos

A ciência é composta de um conjunto de conhecimentos obtidos de maneira programada, sistemática e controlada, para que se permita a verificação de sua validade. O uso da razão, principalmente para pessoas exigentes, é essencial para mudar um ponto de vista. Uma abordagem racional/lógica ajuda bastante a apresentar um novo conceito. No meio de tantas *fake news*, fatos comprovados fazem a diferença.

2. Pesquisas

O uso de dados relevantes de pesquisa abrangendo estatísticas complementa a argumentação lógica dos dados científicos, reforçando os motivos pelos quais a pessoa ficará interessada em saber mais sobre o assunto. Portanto, sempre que possível, complemente suas análises com bibliografias ou pesquisas de autores respeitados em suas áreas de atuação. Nesse caso, o sistema 2 (analítico) precisará ter argumentos muito sólidos para negociar com o sistema 1 (automático), que adora fazer o que sempre fez e odeia novidades.

3. Ressonância

Tem a ver com aspectos afetivos que nem sempre são baseados na ciência, mas na interpretação de hipóteses plausíveis ou na identificação com a vivência de outras pessoas: "Nossa, o que ela está falando parece a descrição dos meus problemas!" ou "Fui apresentado ao fulano há uma semana, mas a sensação é de que o conheço há anos". Por isso, contar casos, histórias e experiências pessoais ajuda a criar uma ponte entre a teoria (dados científicos e pesquisas) e a prática.

4. Redescrições

Para que novos conceitos sejam bem compreendidos, é necessário que sejam apresentados sob diversas formas, para que se reforcem mutuamente. Por isso, se você quiser convencer alguém sobre um assunto importante – como um cônjuge sobre a escola em que você gostaria de matricular o filho, ou seu chefe sobre um projeto de que você tem convicção –, precisará usar diferentes abordagens sobre os mesmos assuntos, com certa insistência. Essas repetições têm como objetivo relembrar os novos conceitos, para evitar que a pessoa se esqueça do assunto ou, pior, o rejeite por falta de informações complementares.

5. Recompensas

Quando alguém lhe propõe um trabalho difícil ou uma mudança radical de conceito, ou pede ajuda para algo que traz desconforto, você imediatamente se perguntará: "O que eu ganho se aprender esse novo conceito?"; "Aonde fulano quer chegar com esse assunto?"; "Será que vale a pena tanto esforço?". A resposta de seu interlocutor – ou a sua – se quiser convencer outra pessoa, deveria ser: "Confie em mim! Conheço profundamente o que estou propondo e se você aceitar terá os seguintes ganhos...". Ninguém fará algo difícil ou desafiador se não estiver devidamente motivado por algum benefício pessoal.

6. Eventos do mundo real

A maioria das pessoas não tem paciência com abstrações; historinhas banais; assuntos chatos; informações complicadas ou que não tenham ligação com a própria realidade. Por isso, procure trazer exemplos do dia a dia de pessoas comuns que conseguiram o que você está propondo. Ninguém gosta de ser intelectualmente subestimado, portanto, jamais ignore o que acontece no mundo real se quiser propor uma mudança de conceito.

* * *

Resumindo, se quiser convencer alguém – a começar por você – a mudar um conceito, precisará motivar seu sistema 2 (modo analítico), mas também seu sistema 1 (modo automático), e utilizar pelo menos seis alavancas ou motivos "irresistíveis". Com essas alavancas será muito mais fácil diminuir as distorções da mancha cega (todos a temos), sair da fachada, descobrir aptidões no desconhecido e, com isso, aumentar significativamente sua arena, que é o primeiro grande passo para qualquer mudança ou melhoria de vida.

10

Como usar melhor o que você já tem

"O tempo é algo que não volta atrás, portanto plante seu jardim, ao invés de esperar que alguém lhe mande flores."

WILLIAM SHAKESPEARE

Pequenos sucessos, como receber um elogio, produzem uma sensação de alegria; e situações desagradáveis, como ser repreendido, por exemplo, causa período de mal-estar. No entanto, o nível geral de satisfação, ou insatisfação, acaba voltando para uma linha de referência padrão, que varia de pessoa para pessoa.

Isso vale para um novo relacionamento, aumento de salário ou uma aquisição importante. Qual é sua sensação após comprar um carro? Realização? Prazer? Orgulho? Quanto tempo dura essa euforia? Para algumas pessoas, dias; para outras, semanas. Da mesma forma, um desentendimento com um colega, ou uma briga no trânsito, podem deixá-lo de péssimo humor por um período maior ou menor.

Isso acontece porque temos um **"termostato mental"** que, automaticamente, regula a sensação de satisfação, ou de insatisfação, de bom ou de mau humor, para um patamar relativamente constante.

Os psicólogos chamam de adaptação sensorial a tendência de sempre voltar para o mesmo padrão. Isso não se limita a acontecimentos rotineiros e ocorre mesmo sob condições mais extremas, de sucesso ou sofrimento. Uma superpromoção ou uma demissão inesperada deixaria qualquer um feliz ou arrasado. Seu termostato mental, entretanto, vai colocá-lo de volta ao mesmo patamar de antes, no máximo em alguns meses.

Isso quer dizer que a maioria das pessoas está mentalmente "programada" para voltar sempre para o mesmo nível de satisfação ou insatisfação. Todos nós conhecemos pessoas que quase sempre estão de bom humor, e também aquelas que sempre parecem zangadas ou insatisfeitas.

Qualquer que seja o padrão de sua configuração mental, sempre haverá a oportunidade de aumentar a sensação de bem-estar, pois esta é, em grande parte, determinada pelo modo que você reage às situações boas ou ruins e, principalmente, como você melhora seu acabamento no dia a dia. O grande desafio será manter na mente, por mais tempo, as sensações positivas para que elas criem um círculo virtuoso ou quebrem o círculo vicioso.

Em resumo, diria que são necessários três passos para alcançar bons resultados de forma consistente e duradoura. Vamos a eles:

1. **Autoconhecimento** – Saiba diferenciar o que é estrutura e o que é acabamento. Não tenha receio de pedir *feedbacks*

sobre seus comportamentos, suas habilidades e também sobre suas deficiências.

2. **Autoaceitação** – Só consegue mexer no acabamento a pessoa que tem uma visão realista (arena grande) de si mesma. É quase impossível encontrar uma boa estratégia de ação sem um claro diagnóstico.

3. **Compromisso consigo próprio** – Isso feito, aja com determinação para fazer os ajustes necessários.

Todas as teorias apresentadas até aqui visaram ajudá-lo a compreender melhor seu mapa mental. A partir de agora você receberá algumas ferramentas específicas para "organizar" seu aprimoramento profissional e pessoal.

Vamos ao método de ação

As sessenta perguntas apresentadas a seguir foram preparadas para organizar seu processo de autoconhecimento. Quanto você tem de arena, mancha cega e fachada? Para isso, sugiro que as perguntas sejam respondidas por escrito e que essas respostas sejam comparadas com a opinião de pessoas que o conheçam bem.

É importante lembrar que seu passado mostra muito daquilo que você é e aponta tendências, já que sua personalidade tem uma base previsível.

Todo indivíduo deixa um rastro, um estilo de ser. É por isso que as respostas ajudarão no prognóstico sobre seu futuro e permitirão que você pense nas mudanças que gostaria de encontrar nele.

Para as empresas vale o mesmo raciocínio. Repito a meus clientes até ficar rouco que a principal atividade de um presidente, diretor, gestor ou dono de empresa deveria ser investir no mínimo 30% de seu tempo contratando, treinando e liderando pessoas.

Esse tempo seria bastante útil na hora de promover ou demitir um funcionário, mas, principalmente, aumentaria a capacidade de aproveitar nas pessoas o que elas têm de melhor.

Teste de autoconhecimento

As primeiras dez perguntas servirão como uma breve revisão a respeito das teorias apresentadas até aqui, e serão uma base para você responder mais facilmente às questões restantes. Se não se lembrar de cabeça, sugiro que leia novamente o texto referente ao assunto perguntado, respondendo, porém, com as próprias palavras.

Isso feito, separe um caderno ou agenda para responder às cinquenta perguntas sobre seu autoconhecimento. Esta providência será fundamental para seu processo de ajustes e melhorias.

Cheque seu conhecimento

1. O que é personalidade?
2. O que é estrutura e o que é acabamento? Cite exemplos próprios.
3. O que são instintos?
4. O que são sinapses?
5. Explique id, ego e superego.
6. Quais as diferenças entre o sistema 1 e o sistema 2?
7. Quais são as oito inteligências múltiplas? Quais você possui?

8. Qual é a diferença entre QI e QE?
9. Explique os três modelos de mundo. Cite cinco pessoas que você conhece que tenham "modelos extremos".
10. Explique as quatro Janelas de Johari.

Questões sobre seu autoconhecimento

1. Como foi sua infância (fácil, difícil)?
2. O que você mais gostava de fazer quando era criança?
3. O que você menos gostava de fazer quando era criança?
4. Qual pessoa é sua maior referência profissional? Por quê?
5. Qual pessoa é sua maior referência de vida? Por quê?
6. Quais assuntos você aprende rápido?
7. Quais assuntos você demora para aprender?
8. O que faria de diferente, se tivesse opção?
9. Como é seu *networking* (rede de relacionamentos)?
10. Sobre quais assuntos você lê?
11. Quais foram os últimos cinco livros que você leu?
12. Quantas horas, em média, você estuda (em casa) por semana?
13. Quais são seus hobbies?
14. Como você lida com o estresse e a pressão?
15. Como é sua vida afetiva?
16. Quanto você bebe na semana?
17. Você fuma? Quantos cigarros por dia?

18. Como está sua forma física?

19. Quais situações, fora do trabalho, mais o irritam?

20. Qual foi o trabalho mais frustrante de sua vida profissional? Por quê?

21. Qual foi seu trabalho mais chato? Por quê?

22. E o trabalho mais interessante? Por quê?

23. O que mais o motiva na vida, atualmente?

24. O que mais o desmotiva?

25. Quais foram seus três piores erros profissionais?

26. Quais foram seus três piores erros na vida pessoal?

27. Quais foram seus três maiores sucessos profissionais?

28. Quais foram seus três maiores sucessos pessoais?

29. Com que tipo de pessoas você sente dificuldades em trabalhar? Por quê?

30. Com que tipo de pessoas você gosta de trabalhar? Por quê?

31. Quais são suas porcentagens dos modelos visual, auditivo e sinestésico?

32. Como você se relaciona com pessoas extremamente visuais?

33. Como você se relaciona com pessoas extremamente auditivas?

34. Como você se relaciona com pessoas extremamente sinestésicas?

35. Você se vê como um líder? Por quê?

36. Você prefere trabalhos rotineiros ou desafiadores? Por quê?
37. Você é organizado ou desorganizado? Dê exemplos.
38. Você tem senso de urgência? Descreva exemplos concretos.
39. Você é criativo? Explique.
40. Você é sonhador ou pé no chão? Explique.
41. Você gosta de assumir riscos? Quais riscos assumiu?
42. Você é rígido ou flexível? Descreva exemplos.
43. Você gosta de falar em público? Por quê?
44. Você está satisfeito com o equilíbrio entre sua vida pessoal e profissional? Explique.
45. Você está satisfeito com o progresso em sua carreira? Explique.
46. Quais são seus talentos?
47. Como você os utiliza no momento?
48. Quais são seus principais pontos fracos?
49. Quanto eles o atrapalham?
50. O que você mudaria em seu acabamento?

Suas respostas serão o ponto de partida para você tomar seis grandes providências para "turbinar" seu desempenho. Vamos a elas:

a) Aprimore seus pontos fortes

O professor Stephen Kanitz escreveu o seguinte comentário em um artigo: "[...] **embora, coletivamente, o mundo esteja** ficando mais inteligente, individualmente estamos ficando cada vez mais burros".

Um leitor voraz talvez consiga ler cerca de dois mil livros durante a vida, o que já significa muita informação. Mas isso é uma gota no oceano se comparado aos mais de quarenta milhões de livros catalogados, ou aos bilhões de páginas na internet. Como, então, decidir em que se aprofundar com essa quantidade absurda de informações?

O ideal seria especializar-se em algo em que você realmente faça a diferença. "**Acabou a era do generalista. Aquele que sabe de tudo um pouco e não sabe muito sobre nada**", complementa Kanitz.

Para aperfeiçoar seus pontos fortes você terá que, deliberadamente, ignorar milhões de informações para se concentrar no que é melhor, a ponto de se tornar referência em seu campo de atuação.

Por isso, não fique mudando de emprego, trocando de função, entrando e saindo de cursos universitários ou fazendo qualquer treinamento que apareça pela frente.

Muita gente gasta um tempo enorme com temas genéricos e se dedica pouco a potencializar suas forças. Boas técnicas ajudam a criar novas sinapses, mas não reconfiguram a rede neurológica inteira, portanto tenha foco.

O mais renomado consultor de todos os tempos, Peter Drucker, afirmava há décadas que o conselho mais importante que ele poderia dar a um profissional seria: "**concentre-se em suas forças e coloque-se onde elas possam produzir desempenho e resultados**. Qualquer um de nós tem pouquíssimas aptidões e um número infinito de áreas nas quais não temos o menor talento".

A maior prioridade na vida de quem quer evoluir profissionalmente deve ser descobrir quais são seus talentos e aperfeiçoá-los. Concentre-se naquilo que você tem e não no que não tem. Centrar esforços nas atividades em que já é bom será a maior ferramenta para o sucesso em sua vida profissional.

Uma boa definição de ponto forte ou talento é dada pelo escritor Geoff Colvin: **"Talento é uma aptidão natural para fazer alguma coisa melhor que a maioria das pessoas"**.

Já vimos que o talento embutido na genética de cada pessoa não emerge, exceto em condições favoráveis. Pelé nasceu geneticamente equipado para se tornar um atleta fora de série, mas, se não jogasse futebol desde criança, o talento não teria emergido. Ainda assim ele passou toda a carreira aprimorando sua genialidade futebolística.

Caso 12 – O vendedor introvertido

Há alguns anos, fiz treinamentos e sessões de mentoria com a equipe comercial de uma construtora que era referência em sua região. Um dos novatos me disse que gostaria muito de atuar como corretor de imóveis, mas se sentia inseguro diante dos clientes por ser introvertido. Perguntei-lhe quais eram seus pontos fortes, e depois de alguns dias ele veio com uma listinha:
- Adorava fazer projetos desde criança.
- Fez faculdade de Arquitetura.
- Gostava de acompanhar a construção de um prédio desde a fundação.
- Conseguia ir além da venda do imóvel ao dar sugestões de decoração.

- Era extremamente organizado e meticuloso.
- Era excelente ouvinte.
- Era paciente.

Sugeri que ele fizesse uma abordagem tecnicamente mais aprofundada sobre os imóveis e que demonstrasse todo seu conhecimento. O mundo está cheio de vendedores extrovertidos e carismáticos (o que é ótimo), mas poucos têm profundo conhecimento técnico dos produtos que comercializam.

Devido a seu estilo, a negociação seria mais demorada, ele atenderia um número menor de clientes, mas fecharia negócios usando seu estilo sóbrio, inclusive propondo sugestões de decoração individualizada para cada comprador, estratégia que poucos corretores realmente utilizam.

Esse rapaz continua no ramo, permanece introvertido (é uma característica estrutural), mas atualmente é considerado um dos melhores corretores da cidade em que atua, trabalhando quase como um consultor de negócios imobiliários.

Ao aprimorar seus pontos fortes – pouco comuns na área comercial –, ele se transformou em referência e passou a atender clientes mais exigentes e com maior poder aquisitivo.

b) Conserte seus pontos limitantes

Pontos fracos são as áreas em que você tem pouca aptidão e, mesmo quando tenta melhorar, os resultados são pífios. Peter Drucker também afirmava categoricamente: **"É preciso muito mais trabalho e energia para passar da incompetência para a baixa mediocridade do que transformar talento em excelência"**. Infelizmente, a maioria das empresas e das pessoas gasta muito tempo tentando transformar um incompetente num medíocre, quando deveriam usar seus recursos para transformar alguém competente em um fora de série.

Portanto, não se preocupe com os pontos fracos que não atrapalham seus resultados, seu trabalho ou sua carreira. Mas preste muita atenção: **Se um ponto fraco estiver prejudicando seu desempenho, é sinal vermelho, pois na realidade é um ponto limitante**.

A timidez, por exemplo, só será um ponto limitante se a pessoa trabalhar no lugar errado. Se uma pessoa tímida tem de se apresentar em público com frequência e sofre com isso, a timidez realmente atrapalha. Se quiser continuar a exercer essa função, terá de fazer bons cursos de oratória para diminuir esse desconforto, mesmo sabendo que isso não vai transformá-la em uma grande oradora, ou torná-la extrovertida. Um bom treinamento técnico vai ajudá-la a diminuir essa dificuldade, e melhorar seu acabamento, já que a introversão é estrutural.

O professor mais brilhante que já conheci foi gago até os 25 anos. Convenhamos que a gagueira para quem quer dar aulas é um ponto limitante. Esse professor contou-me (e costuma comentar em público) que fez vários cursos de oratória, participou de aulas de teatro, teve sessões de fonoaudiologia e não sossegou enquanto não atenuou bastante esse limitador. Ele sempre foi intelectualmente brilhante (estrutura), ajustou o acabamento (diminuiu a gagueira), mas principalmente continuou aprimorando seus conhecimentos. Passados mais de quarenta anos, ele continua aperfeiçoando o que já é excelente!

No entanto, atenção: a maioria das pessoas só consegue consertar um ponto limitante de cada vez, pois a energia e o tempo gastos serão enormes, dada a dificuldade de aprimorar tarefas nas quais não se tem aptidão.

Por isso, quando alguém me diz que está em um trabalho que exige ajustes de três ou mais pontos limitantes, meu conselho é simples: mude de emprego, pois você está na função errada.

Caso 13 – Sofrendo com um ponto limitante

Conheci uma gerente comercial dinâmica, rápida de raciocínio e bem relacionada. Além de extremamente carismática, tinha senso de urgência e sempre atendia rapidamente as demandas que chegavam até ela. Era tão competente, que muitos clientes da empresa de outros estados exigiam ser atendidos por ela.

Já estava há cinco anos no cargo, mas percebia que não era convidada para participar dos processos internos para subir na hierarquia.

Não foi preciso mais do que algumas horas para identificar seu ponto limitante. Apesar de ter diploma de curso superior, escrevia muito mal – principalmente e-mails – a ponto de ser motivo de chacotas na empresa. Ela usava corretores ortográficos automáticos, mas quase sempre cometia erros grosseiros e era advertida.

Ela me confessou que odiava fazer redações na escola, que nunca gostou de ler e que, por ser muito impaciente, não checava o que escrevia. Achava que podia compensar essa deficiência devido a seu estilo "mão na massa", só que estava evidente o prejuízo em sua imagem.

Sugeri quatro providências:

- Ler no mínimo uma hora por dia (jornais, revistas, livros), o que melhoraria seu vocabulário.
- Contratar um professor particular para ensinar regras gramaticais básicas.
- Fazer, mesmo com muito esforço, redações e pedir que o professor corrija e oriente sobre os erros mais graves.
- Ler duas vezes os e-mails antes de enviá-los.

Usar melhor a escrita não a transformaria em autora de *best-sellers*, mas a técnica seria suficiente para atenuar esse ponto limitante, dando chance para que seus talentos aparecessem. Sua meta seria passar do equivalente a uma nota "2" em gramática para nota "5".

Ela seguiu as sugestões, e de vez em quando me envia alguns e-mails, notoriamente melhores que antes.

c) Trabalhe no que você rende mais

Se um profissional é reservado e trabalha a maior parte do tempo em tarefas que exigem muita concentração e pouco relacionamento pessoal, ele está no lugar certo. Uma pessoa muito auditiva tem poucas sinapses relacionadas à extroversão, mas, em compensação, consegue organizar em horas o que a maioria das pessoas, com a mesma formação, demoraria dias ou semanas.

Se alguém é muito visual, a rapidez e a objetividade, se adequadamente usadas, serão pontos fortes.

Se uma pessoa for muito sinestésica, a sociabilidade e a empatia serão seus diferenciais.

Essas pessoas renderão melhor em ambientes que propiciem a utilização de suas características estruturais mais marcantes.

Muitos comportamentos, frequentemente criticados, se forem bem trabalhados, podem se transformar em talentos ao serem usados na profissão certa. Ser exigente, insistente, desconfiado, sistemático, mandão, falante, curioso etc. pode se transformar em talento.

Ser desconfiado, por exemplo, pode ser um ponto forte se o sujeito trabalhar em uma profissão em que procurar e corrigir falhas seja um requisito importante, como no caso de um auditor.

O problema é que muitas pessoas, por acharem que esses comportamentos são socialmente inadequados, tentam mudá-los, gastando tempo e energia que deveriam ser usados para aperfeiçoá-los e, pior, muitas vezes aceitam trabalhos que nada têm a ver com seu estilo de ser.

Caso 14 – Peru sobe em árvores?

Há muitos anos, um amigo que estava passando por um grande dilema contou o resumo de uma sessão com sua mentora.

— Eduardo, do nada ela me perguntou: "Peru sobe em árvores?".

Sem entender aonde ela queria chegar, ele entrou na brincadeira e respondeu: "Pode até subir, mas vai dar muito trabalho! Terá de ser treinado desde pequenininho, a árvore não poderá ser muito alta e, principalmente, terá de ser adaptada com degraus, suficientemente largos para o pobre peru descansar durante a penosa escalada".

"E como o peru descerá da árvore?", ela perguntou. Ele demorou um pouco para elaborar algo razoável, dado seu limitado conhecimento sobre perus alpinistas, e respondeu: "Será outro trabalhão, pois precisaríamos construir um escorregador e, principalmente, convencer o bicho a ser suficientemente corajoso para enfrentar essa geringonça e descer sem se machucar. Acho que não dará certo!", respondeu.

Ele havia recebido uma proposta financeira excelente para executar um trabalho que exigiria enorme paciência (projeto de pelo menos dois anos), com instruções rígidas e sem equipe de apoio.

O problema é que meu amigo era extremamente impaciente, não gostava de seguir regras rígidas (funciona com autonomia) e preferia trabalhar em equipe. Será que ele conseguiria se adequar?

Estavam discutindo até que ponto uma pessoa poderia se adaptar a trabalhos que nada tenham a ver com a própria personalidade e a mentora, com bom humor, praticamente chamou meu amigo de peru. Ele chegou à conclusão de que, mesmo com o alto salário, não valeria a pena, e recusou a proposta.

Posto de outra forma, se você precisa de um bicho para subir e descer de árvores, contrate um macaco, um esquilo, ou até um gato. Peru, galinha, avestruz e cachorro, por exemplo, não serão as espécies mais indicadas. Pinguim, porco e, principalmente, anta, nem pensar!

A metáfora parece absurda, mas muitas pessoas são teimosas ou mal informadas, a ponto de, sendo perus adultos, tentarem escalar árvores, ou coisa pior: exigir que outros perus o façam.

* * *

Portanto, não force sua natureza. Procure trabalhar em áreas em que você renda o máximo – mesmo ganhando menos, no início – e evite trabalhos em que não tenha aptidão. Garanto que, com o tempo, será mais fácil (ou menos difícil), obter uma versão cada vez melhor de si mesmo.

d) Aprimore-se tecnicamente

O autor Marcus Buckingham define técnica como **"procedimentos de uma atividade que trazem estrutura ao conhecimento**. Se você pretende melhorar seus pontos fortes, seja em vendas, marketing, análise financeira, aviação ou cirurgia cardíaca, vai precisar aprender e praticar as técnicas mais relevantes que estiverem disponíveis nessas áreas".

Em qualquer atividade relevante, alguém suficientemente capaz vai analisar, estudar, formalizar e sistematizar o conhecimento em passos que possam ser seguidos por outra pessoa que aprenda essa sequência.

Um indivíduo naturalmente talentoso que não usa técnicas apuradas quase sempre é pouco consistente, já que o talento exige aprimoramento para render o máximo.

É mais inteligente utilizar as descobertas dos melhores profissionais do que inventá-las. Se trabalharmos no que possamos usar nossos talentos naturais, será muito mais fácil, através de boas técnicas, melhorarmos significativamente nosso desempenho.

Atletas de sucesso, por exemplo, além de possuir enorme talento, treinam muito. Mesmo um músico excelente precisará de muitas horas de prática para interpretar uma nova partitura de forma impecável. Profissionais de alto nível nos esportes e artes em geral gastam 98% de seu tempo treinando ou estudando e no máximo 2% do tempo se apresentando em público.

Muitas empresas e pessoas fazem o contrário. Investem 2% do tempo em treinamentos e 98% na execução das tarefas. É claro que com essa proporção haverá dificuldades para alcançar resultados consistentemente excelentes. Não há milagres.

Já imaginou o que aconteceria se um ator de teatro resolvesse diminuir pela metade seu tempo de preparação e ensaio? E se um atleta interrompesse seus treinos um mês antes de uma competição importante?

E se eu treinar bastante ganho o jogo? Ainda não. É preciso avaliar a qualidade e os resultados gerados pelos treinamentos. Avalie se o conhecimento teórico está funcionando na prática. Avalie também os instrutores, comparando o que foi prometido com o que está sendo efetivamente entregue.

Invista tempo e dinheiro no que realmente gere resultados consistentes e mensuráveis. Quando fizer um curso de vendas para sua equipe comercial, por exemplo, avalie os resultados antes e depois do treinamento. Funcionou? Então continue investindo nessa metodologia, mas só contrate o módulo 2 se o módulo 1 estiver totalmente compreendido e assimilado pela equipe.

Caso 15 – História de pescador 2

Como já comentei, pesco todos os anos, há mais de trinta anos. Até 1996, fazia as jornadas tradicionais, no Pantanal. Colocava duas varas com iscas vivas na água e aguardava passivamente um peixe beliscar para dar a fisgada.

Estava achando esse tipo de pescaria monótona e em 1997 revolvi inovar: pescar tucunarés com iscas artificiais em acampamentos na floresta Amazônica. Esse era um programa voltado principalmente a estrangeiros que, na época, estavam mais acostumados a essa modalidade. Comprei os melhores equipamentos, fiz dois cursos teóricos e até treinei arremessos em uma piscina.

Depois de muita pesquisa, agendei a pescaria no rio Matupiri, no estado do Amazonas.

Eu adorei o local, as acomodações em barracas flutuantes confortáveis, a comida padrão 5 estrelas, a natureza intocada, os guias experientes e até as aulas práticas de arremesso que recebi na chegada. Meus recém-comprados equipamentos foram rigorosamente calibrados para as condições locais. Para completar, era a primeira pescaria da temporada, as condições climáticas eram excelentes e, como estávamos em uma área remota e protegida, havia abundância de peixes. Melhor impossível!

Tive, por sorte, como parceiro de pescaria, no mesmo barco, o Pat, um norte-americano supersimpático, com mais de vinte anos de experiência na região e que acabou se tornando um bom amigo.

Eu nunca havia pescado com iscas artificiais, mas, como fiz os treinamentos básicos, achei que aprenderia rapidamente e tudo daria certo. Ledo engano!

No primeiro dia meu desempenho foi horrível; no segundo, péssimo; no terceiro, ruim, e no quarto e quinto dias foi – com muito boa vontade – razoável.

Pat pescava em média 50 peixes por dia com pouco esforço e eu me matava para conseguir quatro ou cinco. Todas as condições eram as mesmas, menos a habilidade dos pescadores.

Para pescar tucunarés, a precisão e a maneira de trabalhar a isca fazem grande diferença. Em um arremesso de 30 metros, é fundamental acertar a isca a poucos centímetros da margem para que o predador confunda a isca de plástico com uma presa e ataque por instinto. Minha isca caía muito longe da margem ou passava do ponto e ficava presa nas árvores. O parceiro me dava todas as dicas e até emprestava seus equipamentos, mas faltava o essencial: técnica! Terminei a pescaria frustrado e com muitas dores musculares por fazer movimentos forçados e inadequados.

Voltando à cidade, fiz todos os cursos práticos disponíveis, comprei revistas, fitas de vídeo, e treinei arremessos em um lago perto de minha casa. Aprendi a usar diferentes equipamentos, estudei os hábitos do tucunaré, testei dezenas de iscas, descobri os melhores locais e guias de pesca do Brasil, enfim, me especializei nesse hobby.

Pesquei com meu amigo Pat mais três vezes e, finalmente, muitos anos depois, obtive um desempenho semelhante ao dele.

Em 2015, após muitas pescarias, e milhares de arremessos realizados, quando já estava ficando um *expert* nessa modalidade, tive uma séria lesão no ombro direito que me impediria de pescar por meses. Não tive dúvidas: comecei a treinar arremessos com o braço esquerdo e depois de dois anos me tornei ambidestro. Atualmente pesco com praticamente a mesma habilidade de ambos os lados e, com isso, divido o esforço físico e me divirto muito mais.

Normalmente sou o organizador das pescarias com amigos e sempre advirto aos novatos: se não treinar com bastante antecedência, sairá frustrado.

* * *

Assim é para quase tudo. O treinamento e a dedicação fazem a diferença!

e) Faça prática deliberada

Todo bom profissional sonha em ser reconhecido por seu trabalho, espera ser promovido, ganhar mais, ser muito requisitado, obter prestígio, ajudar os outros, ou tudo isso ao mesmo tempo. Entretanto, para isso, precisará ser excelente em sua área de atuação.

Mas será que existe um jeito mais rápido e fácil de alcançar a excelência?

A resposta sincera é que não há atalhos, mas um bom caminho a ser percorrido. Existem centenas de estudos sobre como grandes profissionais de diferentes segmentos atuaram para atingir e manter a excelência por muitos anos.

O principal fator é a "prática deliberada" de seus talentos. Como vimos, talento é uma aptidão para obter um desempenho melhor do que o da maioria das pessoas. **Prática deliberada é aquilo que se faz, especificamente, para melhorar o talento.** Não é apenas repetição automática, mas uma constante autoavaliação: "Onde errei?" ou "Por que o resultado desta semana foi melhor que o da anterior?".

Isso vale para qualquer atividade na qual se queira atingir a alta performance, desde hobbies até trabalhos voluntários.

O especialista supertreinado na atividade sempre produz mais para si e para quem o cerca.

Segundo o pesquisador Geoff Colvin, para funcionar de verdade, a prática deliberada precisa seguir cinco fundamentos básicos:

1. **Deve ser planejada, especificamente, para melhorar o desempenho** – Deve-se pesquisar as melhores técnicas que já foram amplamente testadas e que comprovadamente funcionam.
2. **Deve ser muito repetida** – O treinamento e a repetição consistente das melhores técnicas é o que leva à excelência.
3. **Deve ser reavaliada continuamente** – Deve-se avaliar, frequentemente, os resultados obtidos. Se estiverem abaixo do esperado, volta-se ao item 1 – procurar outra técnica; ou ao item 2 – treinar mais.
4. **Exige esforço intelectual** – A prática deliberada demanda esforço mental. Você deverá analisar constantemente áreas de melhoria.
5. **Demanda muita dedicação** – Sinto muito, mas atingir a excelência não costuma ser uma atividade divertida. Trabalhar, estudar e se preparar 50% a mais do que a média das pessoas, mesmo para quem tem talento, exige muita dedicação e disciplina.

É possível concluir que:

> **Muita prática deliberada = melhor desempenho**
> **Toneladas de prática deliberada = excelência**

Caso 16 – Excelência tem preço

O escritor Malcolm Gladwell, ao analisar dezenas de estudos – entre os quais os do ganhador do prêmio Nobel de Economia de 1978, Herbert Simon, que pesquisou a simulação computacional da cognição –, afirmou que, nos mais diversos campos de atuação (matemática, música, natação, tênis, literatura, ciência, medicina, engenharia, administração etc.) "são necessárias cerca de dez mil horas de prática para se ter a destreza de um *expert*, de nível internacional". Isso significa algo entre cinco a sete anos.

O problema é que não funciona aplicar-se à prática deliberada em qualquer tarefa. Não adianta treinar horas aquilo de que a pessoa não gosta, ou para o qual não tem aptidão. Esforço sem talento, ou talento sem esforço, não geram resultados consistentes.

Não se conhecem casos documentados (nem do mais talentoso ou genial em seu campo de ação) de alguma pessoa que tenha obtido a excelência com menos de dez mil horas de prática. Mozart tornou-se Mozart porque trabalhou incansavelmente e somente criou sua primeira obra-prima aos 21 anos de idade, quando já tinha mais de quinze mil horas de prática musical. Antes de alcançar a fama em 1964, os Beatles fizeram mais de mil e duzentas apresentações ao vivo.

Antes de vender seu primeiro produto, Bill Gates gastou cerca de mil e quinhentas horas por ano, ao longo de oito anos, fazendo programação básica.

No início dos anos 1990, o Ph.D. em psicologia K. Anders Ericsson coordenou o famoso estudo *Exhibit A*, na Academia de Música de Berlim, no qual, exaustivamente, analisou estudantes de violino na faixa dos 20 anos. Com a ajuda dos professores, Ericsson dividiu esses violinistas em três grupos:

No grupo A, ficaram as estrelas, aqueles que tinham potencial para atingir a excelência e se tornarem solistas, em nível internacional.

No grupo B, foram reunidos os considerados apenas bons músicos.

No grupo C, ficaram os estudantes que, pela análise dos professores, dificilmente chegariam a tocar como profissionais.

Após a divisão dos grupos (os alunos não sabiam dos critérios), os estudantes responderam à seguinte pergunta: "Ao longo de seus estudos, quantas horas você se dedicou à prática do violino?". A partir dessa resposta e da análise de vários testes práticos, Ericsson e seus assistentes no *Exhibit A* chegaram à seguinte conclusão:

- Os alunos do grupo A (os melhores) totalizavam – adivinhe! – cerca de dez mil horas de treinamento acumulado.
- Os alunos do grupo B (os bons), oito mil horas.
- Os alunos do grupo C (os razoáveis), quatro mil horas.

Todos os violinistas pesquisados haviam começado a estudar música aos 5 anos, idade considerada ideal para início da prática desse instrumento. Entre os 5 e 8 anos, todos estudavam cerca de duas a três horas por semana. Após os 8 anos de idade, as diferenças começaram a aparecer.

Os alunos considerados os melhores (os do grupo A) se dedicavam com relação aos demais:

Aos 9 anos, seis horas a mais por semana; aos 12 anos, oito horas a mais por semana; aos 14 anos, dezesseis horas a mais por semana; aos 20 anos, estavam executando cerca de trinta horas semanais a mais de prática deliberada que os alunos dos demais grupos. A conclusão foi que os excelentes treinavam, em média, de três a cinco vezes mais do que os bons!

Depois, esse mesmo estudo foi aplicado em grupos de pianistas amadores e profissionais. Ericsson encontrou um padrão idêntico. Aos 20 anos de idade, os amadores totalizavam duas mil horas de prática, enquanto os profissionais na mesma idade chegavam a dez mil horas.

O fato surpreendente é que Ericsson e seus colegas não encontraram nenhum "gênio" (nenhum!), ou seja, um músico capaz de chegar ao topo da carreira, praticando menos que os outros. O fato é que, para entrar em escolas de música desse nível, o estudante precisava ter muito talento; e todos eles o tinham. O que os estudos de Ericsson provam é que, para níveis de talento semelhantes, a quantidade de horas de prática deliberada faz grande diferença.

* * *

Para ingressar, por exemplo, na faculdade de Medicina de uma universidade pública, o nível intelectual do estudante tem que ser alto; e todos que passam nesse vestibular (ou em outros vestibulares tão concorridos quanto esse) o têm.

Daí para a frente, a excelência ou a mediocridade na carreira será reflexo da maior ou menor quantidade de prática deliberada nos anos seguintes.

Os médicos, engenheiros, consultores, escritores, psicólogos, contadores, guias turísticos, vendedores, ou quaisquer outros profissionais talentosos, com mais horas de prática deliberada, quase sempre serão os melhores.

Uma pessoa com grande talento, sem o esforço do treinamento e da repetição, dificilmente atingirá a excelência!

> "Somos aquilo que fazemos repetidamente. A excelência não é um ato, mas um hábito", já dizia Aristóteles há mais de dois mil e trezentos anos.

f) Conquiste autoridade moral

Em minhas consultorias, com frequência ouço a seguinte pergunta: "Existem atalhos para o sucesso?". Minha resposta sincera tem sido a seguinte: se há, não os conheço. O único caminho seguro para o sucesso é agir para conquistar **autoridade moral**, que nada tem a ver com poder, mas com respeito.

Alguém com autoridade funcional, como um gerente, dá ordens e é obedecido por uma questão hierárquica. Esse conceito de autoridade pela imposição do poder vale para pais e mães, professores, policiais, chefes políticos e assim por diante, mas não significa que sejam benquistos – e muitos são adeptos da máxima "manda quem pode, obedece quem tem juízo!".

Autoridade moral vem do respeito que a pessoa conquista, e quando ela se manifesta, a maioria presta atenção ou concorda com seus pontos de vista. São aqueles profissionais muito demandados, sem precisar fazer propaganda, pois o *boca a boca* se encarrega disso.

Pessoas com autoridade moral não precisam vender, elas são "compradas"; são referência em sua área de atuação; têm alta credibilidade; podem escolher onde e com que trabalhar; conseguem convencer sem precisar mandar; conquistam admiração, mesmo de pessoas experientes, e, finalmente, sua palavra basta: **quando confiamos em alguém, nenhuma prova** é necessária; quando não confiamos, nenhuma prova é suficiente.

A pessoa, em qualquer idade, sem autoridade moral, é mais suscetível a sofrer em circunstâncias ruins: crises econômicas, chefes incompetentes, falta de perspectiva, medo do futuro. O problema é que autoridade não se compra, conquista-se!

A autoridade moral é composta de quatro atributos que se somam, se complementam e são a consequência positiva de tudo que vimos até aqui. São eles:

- **Conhecimento** – Adquira os melhores conhecimentos técnicos relacionados a sua atividade, de forma consistente e ao longo do tempo. Não basta ter diplomas universitários conquistados há cinco ou dez anos. **É preciso estudar com frequência e estar sempre atualizado com as novidades que surgem todos os anos.**
- **Prática deliberada** – Aperfeiçoe deliberadamente seus talentos. Já vimos que o profissional excelente não se conforma apenas em executar. Ele precisa avaliar continuamente o nível de suas entregas e não se acomodar. **Sucesso no passado não garante sucesso no presente.**
- **Profissionalismo** – Cumpra tudo o que prometer e, de preferência, entregue um pouco além. É preciso ser pontual, ter senso de urgência e ser ético a ponto de indicar outra pessoa mais preparada em situações que você não tenha certeza se consegue entregar o melhor. **Profissionalismo significa fazer bem, o que precisa ser feito, sem ninguém mandar.**

- **Credibilidade – Conquiste o respeito por suas realizações, não por suas promessas**. Obter a reputação de alguém que sempre cumpre o combinado, que assume seus erros e procura corrigi-los; e que demonstra humildade, mesmo sendo excelente em seu campo de atuação, traz enorme respeito.

A pessoa que domina o conhecimento técnico em sua área, tem o discernimento de escolher as melhores opções baseada em sua prática deliberada, tem alto grau de profissionalismo e obtém a credibilidade de alguém que sempre faz o melhor, **vai conquistar a cada ano um degrau a mais em sua autoridade moral – que, no fim das contas, é o maior patrimônio que você poderá ter.**

* * *

Resumo dos dez pontos mais importantes

1. Temos instintos muito fortes que herdamos de nossos ancestrais e eles continuam a comandar uma parte importante de nossos comportamentos.
2. A evolução nos diferenciou dos outros animais na anatomia e no funcionamento cerebral, nos permitindo tomar decisões que podem sobrepor alguns instintos.
3. A genética e o ambiente – principalmente nos primeiros anos de vida – nos fizeram ser como somos, um indivíduo com personalidade e comportamentos muito particulares.
4. Temos três partes que se estruturaram na infância e disputam a tomada de decisões, centenas de vezes por dia. O id deseja satisfação imediata, o superego reprime e o ego intermedeia essa disputa.

5. Com isso, temos dois grandes modos de ação mental: o sistema 1, que é automático e domina grande parte de nossas ações; e o sistema 2, que é analítico e procura nos direcionar a ações racionais.

6. A personalidade de adultos tem uma parte estrutural que mudará pouco no decorrer dos anos. Entretanto, devido à neuroplasticidade cerebral, podemos fazer ajustes – o acabamento – para melhorar nosso desempenho e bem-estar.

7. Essa estrutura mental gera três grandes modelos de interação com o mundo, sendo que um deles predomina em cada pessoa: o visual, que é rápido e direto; o auditivo, que é calmo e organizado; e o sinestésico, que é sociável e empático.

8. Existem ao menos oito grandes tipos de inteligência: corporal; espacial; linguística; naturalista; musical; lógico-matemática; intrapessoal e interpessoal. É comum termos uma mistura de algumas delas, em diferentes intensidades.

9. Temos quatro grandes "janelas" na personalidade: arena, mancha cega, fachada e desconhecido. A melhor estratégia de desenvolvimento será aumentar a área na qual os comportamentos são conhecidos tanto por nós quanto por aqueles com quem convivemos (arena).

10. Com toda essa análise, minha sugestão é de que você aprimore seus pontos fortes, atenue seus pontos limitantes, faça prática deliberada e conquiste autoridade moral.

* * *

Tenho consciência de que mesmo um pequeno ajuste na rotina cria algum desconforto. Uma mudança significativa – como a apresentada neste livro – pode gerar dúvida, insegurança e até medo do desconhecido.

Portanto, minha proposta é: teste o método sugerido – com uma mudança de cada vez – e avalie os resultados, sempre tendo em mente que você precisará se comparar – não com outras pessoas, mas com quem você era no passado.

Garanto que o temor logo passará e você poderá usufruir de algo muito maior, que é o livre-arbítrio de tomar decisões mais conscientes.

Grande abraço e bom proveito!

O RIO E O OCEANO

"Dizem que antes de um rio entrar no mar, ele treme de medo.

Olha para trás, e vê toda a jornada que percorreu.

Enxerga os vales, as montanhas, os obstáculos, os desvios e o longo caminho sinuoso que trilhou através de florestas e povoados...

E vê à sua frente um oceano tão vasto, que entrar nele significa desaparecer para sempre.

Mas não há outra maneira.

O rio não pode voltar.

Ninguém pode voltar.

Voltar é impossível na existência.

O rio precisa se arriscar e entrar no oceano.

Somente ao entrar no oceano o medo acabará porque, apenas então, o rio saberá que não se trata de desaparecer no oceano, mas de tornar-se oceano."

(Khalil Gibran)

Apêndice 1
Liderança para alta performance

"Marca pessoal é aquilo que falam a seu respeito quando você não está presente."

Tom Peters

Este livro foi escrito para beneficiar qualquer pessoa, independentemente da idade, formação, história de vida ou profissão. Entretanto, minha principal experiência é a de consultor de empresas, fato que facilita minhas narrativas em exemplos da vida profissional. Inclusive, escrevi *Gente de resultados*, que é um manual prático sobre como formar e liderar equipes de alta performance.

Neste apêndice fiz um resumo de algumas análises e casos que também têm relação com o conteúdo deste livro e que poderão ser úteis para o leitor que ocupe algum cargo de liderança ou que se interesse pelo tema.

Como bem sabemos, liderar é uma grande responsabilidade, mas a maioria dos gestores nunca foi adequadamente preparada antes de assumir a função. Na maior parte das vezes, eles são promovidos pela qualificação técnica, entrega de resultados acima da média ou pela senioridade.

Essa deficiência na formação acaba fazendo falta, principalmente quando ocorre uma crise mais ampla ou quando os resultados pioram continuamente. Quando a pressão aumenta, é comum ocorrer três providências.

1. Promover algumas demissões para dar a impressão de que algo relevante foi feito.
2. Cortar custos, mesmo sem analisar as consequências.
3. Concluir que faltam incentivos, e tascar sessões "motivacionais" na equipe!

É como enxugar gelo. O efeito dura pouco porque não se treinou ninguém para valer. Poucos têm a coragem de admitir que muitos funcionários – inclusive alguns chefes – estão no lugar errado, não dominam suficientemente as operações ou não sabem executar tecnicamente as tarefas mais importantes.

Investe-se, então, em palestras motivacionais, programas de qualidade de vida, sessões de *feedbacks* e nada de resultados consistentes. Então, os líderes se perguntam: "O que fazer?".

Vou responder usando uma frase do consultor Jim Collins: **"As pessoas não são o ativo mais importante de uma empresa. As pessoas certas é que o são!"**.

Ele também afirma, com base em seus estudos, que, enquanto ao menos 90% dos cargos estratégicos não estiverem ocupados pelas pessoas certas, o líder não deveria ter outra prioridade a não ser encontrar e aperfeiçoar tais colaboradores. Collins conclui – e eu concordo plenamente – que essa prioridade resume o fator mais importante nas empresas que têm obtido ótimos resultados de forma consistente por muitos anos.

Jack Welch, ex-presidente da General Electric e considerado um dos maiores presidentes de empresa de todos os tempos, antes de tudo foi um grande gestor de pessoas.

Ele tem uma frase extremamente objetiva para definir o sucesso nas empresas: **"As coisas só acontecem quando se colocam as pessoas certas nos lugares certos. Nenhum sistema de gestão substitui o talento"**.

Ok, mas como saber qual é a pessoa mais indicada para um cargo?

O que determina o sucesso dentro das empresas é o resultado do perfil + atitudes de cada profissional. O problema é que se contrata pelo currículo e demite-se pelas atitudes. O colaborador tem talento para a função, formação acadêmica impecável, fala três idiomas, mas... é prepotente, ou tem dificuldade em cumprir horários, ou trabalha mal em grupo, ou é desagregador ou tudo isso ao mesmo tempo.

Por isso, em vez de olhar apenas o currículo, o líder deveria colocar uma lupa no histórico do candidato a ser contratado ou promovido. **Todo mundo, sem exceção, deixa um rastro durante a vida, e esse rastro do passado mostra uma clara tendência para o futuro, já que, como vimos, a personalidade é relativamente estável e, portanto, previsível.**

Cheque o rastro

Fazendo os questionamentos certos e checando as respostas, a chance de acertar uma contratação aumenta muito. Além das tradicionais perguntas sobre o currículo e a formação acadêmica, analise quatro áreas fundamentais da vida do candidato.

1. Vida até os 18 anos de idade (como foi a infância, o relacionamento com pais, irmãos, amigos, professores)? Já estudamos que a infância é a base estrutural de nossa personalidade e será essencial conhecer como se deu essa fase.

2. Vida dos 18 anos de idade até hoje (como tem sido o relacionamento com amigos, colegas de trabalhos, chefes e a vida afetiva)? Também precisamos entender como a pessoa lida com frustrações e desafios; com seus relacionamentos; e como se dá sua tomada de decisões.

3. Pontos fortes: procure analisar com perguntas indiretas (muita gente tem respostas prontas), e peça exemplos de situações em que o talento da pessoa fez a diferença ou resolveu situações difíceis.

4. Pontos limitantes: é a mesma lógica anterior. Identifique em que pontos a pessoa tem dificuldades que resultaram em situações ruins ou que ainda sejam problemáticas.

Você poderá usar algumas das sessenta perguntas vistas no capítulo 10.

Depois de tantos anos montando universidades corporativas, estruturando programas de trainees, coordenando processos de seleção e acompanhando o desempenho dessas pessoas por um longo período, posso afirmar que a personalidade é tão ou mais importante que o currículo.

Deve haver gente pensando: "Duvido que presidentes ou donos de empresas gastem tanto tempo formando profissionais, eles são muito ocupados!". São raros, mas existem. Não estou afirmando que os dirigentes de companhias têm que substituir ou fazer o papel dos RHs, mas sim trabalhar em total sintonia com esse departamento, participando da seleção em todos os cargos estratégicos, das dinâmicas de grupo e até da análise do que deu errado em cada contratação.

Um líder pode perguntar: "E o que fazer se eu já o contratei e descobri que comprei gato por lebre?". Se as atitudes do profissional forem consistentemente ruins, não é um problema conjuntural (uma fase) e sim estrutural (contínuo). Assuma o erro, demita e comece a procurar de novo, mas analisando corretamente o rastro!

Se você, como líder, investir seu tempo nessa estratégia, com certeza colocará com muito mais frequência as pessoas certas nos lugares certos.

Caso 17 – Sucessão familiar

Há alguns anos, quatro sócios na faixa dos 60 anos de uma tradicional empresa familiar, com cerca de dois mil funcionários, e com ativos avaliados em cerca de 500 milhões de dólares, me procuraram para orientá-los a respeito da sucessão familiar ou profissionalização do grupo.

Os empresários queriam que eu avaliasse quais herdeiros poderiam participar do processo de sucessão para, no futuro, assumir a direção da empresa. Essa segunda geração contava com cerca de trinta pessoas: filhos, cunhados, genros, noras, sobrinhos, primos e irmãos mais novos. A maioria ainda não trabalhava na empresa.

Concluímos que a escolha dos candidatos à sucessão se basearia em três pré-requisitos iniciais:

- **Estrutura de personalidade:** perfil para liderança (existem testes consistentes disponíveis no mercado), capacidade de suportar a pressão de assumir o negócio e resiliência para cumprir todas as etapas do programa.
- **Rastro:** ótimo histórico pessoal e profissional, como escolaridade, empregos anteriores e principais realizações, como também aspectos relacionados à análise dos pontos fortes e dos pontos limitantes.
- **Disposição e ambição:** para assumir o desafio de comandar um bom negócio, mas de difícil gestão, uma vez que teria que conviver com executivos que já atuavam na empresa, e também com os familiares envolvidos na gestão.

Demoramos em torno de quatro dias para entrevistar todos e organizar as informações sobre os possíveis sucessores.

Concluímos que um quarto tinha o perfil procurado, mas não tinha um bom rastro, ou não tinha disposição suficiente para assumir o desafio.

Outro quarto tinha a disposição, mas lhe faltava o rastro ou o perfil.

Cerca de 25% tinham o rastro, mas não tinham o perfil ou a disposição.

Os demais não tinham o menor interesse em participar do negócio.

Os sócios logicamente ficaram bastante desapontados com a conclusão, afinal, ficou claro para eles que não havia ninguém na família com os pré-requisitos minimamente necessários.

Agora, porém, tinham informações para *replanejar* o projeto de profissionalização e não perderiam anos insistindo em colocar a pessoa certa no lugar errado.

Entenderam, após esse trabalho, que seria fundamental para o sucesso da empresa que contratassem alguns profissionais de fora do grupo. Também compreenderam que seria importante proporcionar alternativas de carreira para os herdeiros se desenvolverem fora da organização.

Resultado: estruturei um programa de treinamentos e mentoria para uma parte desse grupo de herdeiros, por cerca de dois anos, e, em paralelo, ajudei os sócios a contratarem executivos de fora para começar o processo de profissionalização, com resultados excelentes em ambos os casos.

Caso 18 – Fábrica de líderes

No início dos anos 2000, o conselho de administração de uma companhia, com atuação na região Sul e cerca de quatro mil funcionários, apresentou-me o seguinte desafio: necessitava expandir a atuação da empresa para outros locais do país. Para isso, precisaria contratar ou formar quarenta novos gerentes e o mesmo número de supervisores num período de cinco anos.

Na ocasião, contava com um quadro com cerca de cem profissionais nos cargos de gerência e supervisão, e o desafio seria quase dobrar esse número, além de substituir alguns por motivos variados.

Diagnosticamos que a empresa esbarrava em quatro problemas para expandir-se, além da necessidade de contratação de pessoal:
- Aproximadamente 25 pessoas, entre gerentes e supervisores, iriam se aposentar em até cinco anos.

- Outros 25 gerentes não aceitariam transferência para outras regiões.
- O que a empresa oferecia como remuneração não permitiria contratar mais do que vinte gestores "prontos", vindos de outras empresas.
- A função exigia conhecimentos muito específicos e experiência no ramo de atuação.

Diante desse contexto, concluímos que a melhor estratégia era preparar um programa para formar líderes dentro do próprio quadro de funcionários da empresa. Partimos para a ação, definindo três pré-requisitos para a seleção:

- **Estrutura de personalidade:** perfil para liderança, capacidade de formar relacionamentos em locais que a empresa era pouco conhecida e flexibilidade para lidar com clientes exigentes.
- **Rastro:** ter pelo menos dois anos de bom histórico profissional dentro da empresa e terceiro grau completo, ou em fase de conclusão, além de apresentar bons resultados na área de atuação.
- **Disponibilidade:** disposição e motivação para participar de treinamentos, de forma intensiva.

Foram pré-selecionados cerca de duzentos profissionais das mais variadas áreas: pessoal da área técnica (engenheiros, advogados e veterinários, por exemplo), da área de varejo (vendedores, compradores, atendentes, caixas), da área administrativa (recursos humanos, contabilistas, auditores, auxiliares etc.), das áreas de apoio (especialistas em tecnologia de informação, instrutores, profissionais de controle da qualidade). O processo de seleção e entrevistas levou aproximadamente um mês e, dos duzentos selecionados inicialmente, cem aceitaram continuar o processo de seleção interna e vinte profissionais foram escolhidos para começar a primeira turma.

Ministrei o programa teórico e o resultado foi que, no fim dos doze meses, dezesseis pessoas assumiram cargos de chefia.

Na sequência, coordenei mais três turmas, e, no fim de quatro anos e dentro do próprio quadro funcional, conseguimos formar os gestores de que a empresa precisava.

* * *

A história terminaria por aqui, mas algo interessante aconteceu. Passados quase quinze anos, um aluno de uma das turmas me procurou:

— Eduardo, você se lembra de mim?

— Claro que sim! Você foi um dos destaques do programa e um dos primeiros a ser promovido.

— Pois bem, agora sou um dos superintendentes de uma companhia com mais de vinte mil colaboradores e gostaria de saber se você poderia ministrar alguns treinamentos para minha equipe e, dependendo da repercussão, poderíamos estudar um novo programa de formação de líderes, pois a empresa deve dobrar seu faturamento em cinco anos.

— Ok, vamos começar com a sua equipe!

Essa conversa aconteceu em 2018, os programas tiveram ótima avaliação, os treinamentos foram estendidos a todas as áreas.

Analisando que o programa estava dando ótimos resultados no aprimoramento dos gestores atuais, o presidente da empresa lançou um desafio. "Eduardo, precisaremos de no mínimo cem novos gestores nos próximos três anos e o dobro disso em cinco anos. Gostaria de aproveitar ao máximo as pessoas de dentro da empresa para ocupar estes cargos, é possível?"

Aceitei o desafio e, em janeiro de 2021, começamos a primeira turma de um programa agora denominado **"Fábrica de Líderes"**.

Foram definidas dez regras para a seleção:

1. A pessoa continuaria exercendo normalmente sua função durante o período do treinamento.
2. Seriam dados quatro módulos teóricos (Autoconhecimento; Liderança; Negociação; Gestão de conflitos) a cada quarenta e cinco dias.
3. Haveria leitura obrigatória de um livro-referência antes de cada módulo.
4. Haveria uma avaliação teórica a cada módulo e uma avaliação prática a cada noventa dias.
5. Os treinamentos seriam no horário comercial e via *Zoom*, a distância.
6. Quem tivesse desempenho ruim ou baixa participação seria excluído.
7. Haveria um programa de mentoria individual após cada módulo.
8. Passados os quatro módulos a pessoa poderia escolher uma "trilha" com mais três treinamentos técnicos entre dez disponíveis.
9. A pessoa poderia escolher uma área (entre dez opções) diferente da que atuava para fazer uma imersão de cerca de dez dias.
10. Não haveria garantia de promoção.

Foram pré-selecionadas aproximadamente trezentas pessoas; destas, vinte formaram a primeira turma e os resultados começaram a aparecer com mais de 50% dos profissionais promovidos – na metade do programa. A segunda turma começou em setembro de 2021 e a terceira, no início de 2022.

O mais espetacular nessa empresa é que a grande maioria das promoções é feita com profissionais internos e a Fábrica de Líderes acelerou esse círculo virtuoso: mesmo as pessoas mais preparadas só poderão ser promovidas se formarem um substituto à altura, que, por sua vez, também precisa ter gente boa para seu lugar.

Com isso, criou-se uma competição saudável em que todos ganham: os colaboradores, a empresa e a sociedade, que forma profissionais preparados e milhares de empregos diretos e indiretos.

Essa companhia também estruturou uma universidade corporativa que já é referência no estado e tem tudo para ser um *benchmarking* nacional.

Caso 19 – Formação de uma equipe de treinamentos

Uma indústria de móveis planejados necessitava montar um programa de *trainees* para formar novos supervisores comerciais e um programa de treinamentos para seus mais de mil pontos de distribuição exclusiva em todo o Brasil.

Para atender a essa demanda, encontrou-se uma solução um pouco diferente. Foi desenhada logo de cara uma universidade corporativa a "quatro mãos", com o presidente da empresa. Nesse caso, a condução foi especialmente peculiar. Começamos a universidade selecionando primeiro o "reitor": alguém que seria preparado para gerir o dia a dia do projeto.

Quais foram os três pré-requisitos?

- **Estrutura de personalidade:** perfil para liderar o processo desde o início, talento para ensinar e alta resiliência.
- **Rastro:** contar com pelos menos cinco anos de bom histórico profissional e pessoal, independentemente de em qual área vinha atuando.
- **Disposição:** estar motivado para ser treinado, de forma intensiva, além de demonstrar capacidade de desenvolver parte do programa da universidade corporativa que estava nascendo.

Após demorada seleção, conseguimos encontrar um candidato com todos os pré-requisitos. Ele passou seis meses me acompanhando em vários treinamentos e consultorias – inclusive em outras empresas –, além de estudar as necessidades da companhia e da universidade corporativa.

Ministrei vários cursos de desenvolvimento gerencial, negociação e vendas para donos das franquias e seus gerentes – sempre acompanhado pelo futuro "reitor".

O programa de formação de *trainees* começou logo em seguida com a contratação da primeira turma.

Alguns anos após seu início, o programa de *trainees* formou várias turmas e mais de 70% dos supervisores e gerentes atuais vieram daí. Muitos franqueados participaram dos treinamentos e a maior parte dos programas tem instrutores internos, que conhecem melhor que ninguém as necessidades dos clientes e dos lojistas.

* * *

Os casos dessas e de outras empresas, os detalhes dos projetos e a repercussão que tiveram na mídia podem ser acessados em meu site: **www.eduardoferraz.com.br**.

Apêndice 2
Aplicações práticas da neurociência no dia a dia

> "Simplificar significa eliminar o desnecessário para que o necessário se manifeste."
>
> Hans Hofmann

Cada área de pesquisa tem períodos de intensa descoberta e é o que está ocorrendo com a neurociência. "Os últimos anos produziram mais conhecimento sobre o cérebro, e como ele se desenvolve, do que em décadas anteriores", afirma a neurocientista Rima Shore.

A cada ano que passa, a tecnologia desvenda um pouco mais como funciona o cérebro. A fMRI – ressonância magnética funcional – permite a observação de imagens do cérebro em ação. Podemos fazer perguntas às pessoas, enquanto elas ainda estão no aparelho, e observar as diferentes áreas cerebrais funcionando sem que o indivíduo emita qualquer som. Essa tecnologia mede o fluxo sanguíneo, e as imagens revelam quais áreas estão ativas naquele momento.

Outra tecnologia fascinante é a tomografia por emissão de pósitrons (PET). Nessa técnica, injeta-se no corpo uma substância radioativa, que atua como um marcador que permite observar o metabolismo do cérebro, diante de diferentes estímulos. Guardadas as devidas proporções, seria quase como assistir a um filme das diferentes áreas do nosso cérebro trabalhando.

Baseado nessas tecnologias, o trabalho dos neurocientistas já tem uma aplicação mais prática. Em alguns casos, elas ajudam os médicos a fazer cirurgias cerebrais mais precisas. Os neurocirurgiões usam as imagens para saber onde estão os centros da fala, visão ou do movimento de cada paciente, para evitar lesioná-los durante a operação.

Além da medicina, há também a associação entre marketing e neurociência – o neuromarketing, que surgiu no fim dos anos 1990. O médico Gerald Zaltman, da Universidade Harvard, que foi o primeiro a usar as máquinas de ressonância magnética para fins de marketing, colocou voluntários na máquina para monitorar a atividade cerebral e tentou interpretar se eles realmente aprovavam ou rejeitavam determinado produto ou marca. Enquanto o voluntário permanecia no tomógrafo, os pesquisadores apresentavam fotos, filmes ou músicas. Dependendo da área cerebral mais ativada, conclui-se que tipo de reação ou estímulo causa.

Os neurocientistas já constataram, por exemplo, que a ativação do córtex pré-frontal mostra quando o voluntário aprecia o sabor de um produto, mesmo antes de perceber isso de forma consciente. O voluntário experimenta marcas diferentes de iogurte e, sem que ele responda a uma única pergunta, o exame aponta qual foi o sabor preferido. Isso vale para alimentos, bebidas, roupas ou perfumes e até para a percepção do discurso de políticos, por exemplo.

"Em entrevistas tradicionais, nada garante que o entrevistado esteja falando a verdade. Nesses exames, esse risco é menor porque é avaliado o que a pessoa pensa, não o que ela diz", afirma o consultor Martin Lindstrom, que explica, em seu livro *A lógica do consumo*, como as empresas estão usando o neuromarketing.

Vamos a um exemplo prático. A empresa norte-americana Bright House fez um estudo relativo a marcas de refrigerantes. A visão do cérebro em funcionamento revelou reações de consumidores aos refrigerantes Pepsi e Coca-Cola.

Quando os voluntários não sabiam o que estavam bebendo, as imagens mostraram que a preferência era cerca de 50% para cada marca, indicando que os sabores eram semelhantes. Quando se mostrava o que cada um estava bebendo, as imagens indicaram que 75% preferiram a Coca-Cola.

Se o sabor era parecido, por que três quartos preferiram a Coca-Cola? Provavelmente porque essa marca estimulou mais as áreas do cérebro ligadas aos impulsos de consumo. Ou seja, aparentemente, o logotipo da Coca-Cola é mais poderoso do que o da Pepsi. Isso não é ficção científica e centenas de estudos das imagens cerebrais já estão revolucionando o dia a dia das pessoas.

Estudando as análises de quatro especialistas em neuromarketing, Martin Lindstron, Artur Paredes, Rubens Sant'Anna e Norberto Andrade, faço um resumo do uso de algumas dessas ferramentas no cotidiano.

- A localização dos produtos em um supermercado não é aleatória. Os produtos mais consumidos (como o

pãozinho do dia a dia) estão sempre no fim da loja para que você seja obrigado a percorrer um caminho mais longo, aumentando as chances de comprar algo que não tinha planejado, por impulso.
- Em uma mesma seção, os produtos mais caros ou mais rentáveis estarão mais bem localizados e na altura de seus olhos. Esses espaços são os mais disputados (e mais caros) pelos fornecedores do varejo.
- Utilização de músicas estimulantes, escolhidas a dedo, para as pessoas sentirem-se mais felizes e aumentarem o tempo da visita e, com isso, os gastos. Mas cuidado para não usar apenas seu gosto pessoal. Rock pauleira, por exemplo, não combina com uma loja de produtos infantis.
- Carrinhos com código de barras, cestos com rodas, maior quantidade de caixas abertos, produtos para degustação, brindes e atendentes educados para que os clientes retribuam (mesmo que inconscientemente) com compras extras e retorno mais frequente.
- O olfato é o sentido mais primitivo, e marcas devem ter uma identidade olfativa para despertar os instintos dos clientes. Uso de perfumes suaves, ou aromas que indiquem limpeza ou até o cheirinho de pão fresco estimula quem está comprando.
- A aparente mistura desordenada de produtos e a bagunça das liquidações dá uma sensação de escassez, e que precisamos nos apressar para garimpar as melhores pechinchas, pois alguém pode encontrar algo antes de nós.
- O preço com final ,99 ou ,89 ou outros números quebrados passam a impressão de que os valores foram

milimetricamente calculados e que, portanto, são justos.
- Os vídeos testemunhais são uma técnica poderosíssima para convencer os indecisos, principalmente se parecerem espontâneos e de "gente como a gente".
- Uma das descobertas mais importantes do neuromarketing é que a maioria das pessoas fica mais preocupada com o risco de perder do que quanto podem ganhar. Por esse motivo, as estratégias "compre antes que acabe", "apenas hoje" ou "últimas unidades" estimulam a sensação de que não podemos esperar.
- Ancoragem é fundamental. A primeira informação que recebemos em uma negociação é dramaticamente importante para aceitar ou rejeitar algo. Estudiosos, como ganhadores do prêmio Nobel já citados, descobriram que raramente somos capazes de avaliar o valor de algo com base realista. Sempre precisamos comparar para decidir, mesmo que a comparação seja absurda. Por isso, é incrível como ainda funciona a polêmica tática do: "O preço normal é de R$ 10.880,20, mas apenas hoje estamos com um valor de R$ 2.998,20, e esta é a última unidade".

A neurociência e as diferenças entre mulheres e homens

Outra tese importante é de que há diferenças entre os cérebros masculino e feminino que não podem ser explicadas apenas por distinções genéticas, mas no desenvolvimento mais ou menos acentuado de diferentes regiões cerebrais durante nossa jornada nos últimos milhares de anos.

Segundo o neurologista Ricardo Teixeira, mulheres têm maior densidade de neurônios nas regiões temporais associadas à linguagem. Homens são melhores para se orientar no espaço.

O doutor em neurociências Fabiano de Abreu afirma que "o homem tem a região da lógica mais bem desenvolvida e a mulher tem melhor desenvolvimento cognitivo, e ambos estão relacionados à inteligência".

Portanto, não há qualquer evidência de que haja diferenças de "inteligência" entre gêneros, mas pode haver diferenças nas aptidões relacionadas ao nosso passado pré-histórico que selecionaram algumas estratégias de sobrevivência: os homens, devido à maior força física, caçavam, protegiam o bando contra predadores ou invasores, disputavam territórios e lutavam entre si com mais frequência. As mulheres cuidavam das crianças e dos idosos, se relacionavam mais entre si e davam estabilidade ao grupo. Com isso desenvolveram mais a sociabilidade que eles.

O instinto feminino é, predominantemente, programado para a empatia; enquanto o masculino é mais voltado para sistemas que envolvam competição. Homens, em geral, se saem melhor em tarefas que envolvem riscos, enquanto as mulheres são melhores em habilidades relacionais.

As mulheres expressam melhor seus sentimentos do que os homens, porque a área do sistema límbico – responsável pelas emoções – é mais desenvolvida nelas. Elas tendem a resolver seus conflitos com base na negociação, usando a empatia. Eles tendem a se impor pelo poder físico ou hierárquico e a serem mais rápidos e agressivos na tomada de decisões.

Os gêneros geralmente têm também diferentes impulsos ao fazer compras. Pense em um carro superesportivo.

É muito caro, desvaloriza rapidamente, só tem dois lugares, é apertado, não tem porta-malas, atrai assaltantes e tem uma potência que quase nunca se pode usar. Por que, então, tantas pessoas têm o sonho de comprar um carro desses?

Quer uma interpretação objetiva? Dos carros "superesportivos", 98% são comprados por homens, pois eles parecem demonstrar uma necessidade de exibir poder, muito mais acentuadamente que as mulheres.

Elas, por outro lado, costumam sentir grande prazer ao ficar várias horas seguidas escolhendo roupas e acessórios, o que é mais incomum em homens, que preferem compras rápidas.

Vamos a uma situação prática.

Caso 20 – A empatia feminina

Fui contratado por uma empresa, com distribuição nacional, com mais de seiscentos pontos de vendas, para treinar a equipe comercial de lojistas.

Reunimos um grupo de cerca de trinta gestores das lojas e ministrei um curso de dois dias para apresentar a base do meu trabalho e, ao mesmo tempo, treinar esses líderes a colocar as pessoas certas nos lugares certos, antes de começar os treinamentos de vendas e negociação.

A estratégia era analisar o potencial de cada vendedor e ajustar a equipe, para melhorar o resultado em todos os sentidos.

Uma das primeiras constatações foi que todas as lojas tinham alta rotatividade (entre 20% e 50% ao ano) e isso é péssimo, pois, além do custo e do tempo, gasta-se exageradamente com o aprendizado de pessoas que não permanecem.

Quando alguém saía, deixava uma lacuna difícil de preencher, pois o processo de acompanhamento do projeto e montagem dos produtos durava meses.

Analisando os motivos da altíssima rotatividade entre os vendedores (os concorrentes tinham problemas semelhantes), constatamos que quase 90% das equipes de vendas eram formadas por homens, e a rotatividade entre eles era quase três vezes maior quando comparada às mulheres. Seria coincidência? Analisamos por meses os perfis, tanto de clientes como de vendedores, e até dos gerentes das lojas.

A conclusão foi de que o produto dessa empresa exigia muita negociação, pois demanda um projeto especificamente desenvolvido para cada cliente. O consumidor vai e volta, várias vezes, antes de definir a compra. Mesmo depois do fechamento do negócio, muitos ainda querem fazer ajustes no acabamento e o processo se torna ainda mais demorado.

Aparentemente, as vendedoras demonstravam mais tolerância e resiliência para enfrentar esse vaivém do comprador. Aceitavam gastar mais tempo com a argumentação técnica e eram mais flexíveis para modificar o projeto quantas vezes o cliente achasse necessário.

Após tal análise, sugeri que os lojistas aumentassem a proporção de mulheres na equipe comercial. Ou seja, se algum vendedor pedisse demissão ou fosse demitido, a preferência seria contratar uma mulher, obviamente com todos os pré-requisitos (perfil para função e bom rastro).

O resultado foi praticamente imediato. Além de diminuir a rotatividade, as vendas aumentaram consideravelmente.

O grupo treinado passou para trinta, depois sessenta lojistas e foi aumentando ano após ano.

Passados quase vinte anos, a maioria das lojas do grupo tem em torno de 80% de mulheres como vendedoras ou gerentes, com excelente desempenho.

* * *

Não há nada de sexismo nessa constatação, já que algumas atividades são executadas mais facilmente, física ou mentalmente, por homens; outras, por mulheres.

Autor pelo autor

Nos meus quatro outros livros, a descrição do autor foi quase toda relacionada ao meu currículo. Neste caso, farei uma apresentação mais pessoal, até para ser coerente com o tema do livro.

Depois de tantos anos estudando áreas da psicologia e da neurociência, consigo entender por que sou como sou. Devido a um problema congênito, nasci com a perna esquerda atrofiada. Passei por várias cirurgias, demorei bastante para andar e usei pesados aparelhos ortopédicos até os 14 anos. Apesar de aconselhado pelos médicos a não praticar esportes que exigissem esforço ou contato físico, fiz de tudo – meio escondido –, futebol, basquete, handebol, natação, vôlei e até atletismo. Por motivos óbvios, tinha dificuldades de acompanhar os demais e, quando havia alguma competição, quase sempre era o último colocado.

Felizmente, devido à insistência quase compulsiva em praticar esportes, desenvolvi uma resistência muscular que, aos poucos, me permitiu andar sem aparelhos, mas continuei mancando – como até hoje. Como não me sobressaía nos esportes, procurei algo em que me destacasse e a válvula de escape foram os estudos.

Era uma criança inquieta, lia muito e era questionador, inclusive com professores. Era aquele moleque chatinho, que se intrometia nas conversas de adultos – que queriam distância, mas também não me acertava com gente da minha idade. O problema é que esse comportamento me deixava cada vez mais isolado e, com isso, ainda mais obcecado por estudar. Acabei perdendo a referência de conviver com crianças da minha idade e desenvolvi a síndrome do "supersincero". Dizia o que pensava, quase sem filtros, e não percebia o impacto que isso gerava.

Não é desculpa, mas atualmente sei que agia assim para superar minhas limitações físicas e emocionais. O ambiente adverso provavelmente foi mais forte que a genética na estruturação de minha personalidade.

Era extremamente visual (obviamente ainda sou, apenas mais controlado), ou seja: impaciente, dominante, agitado, hiperativo e, além disso, perfeccionista e antissocial.

Meus poucos amigos me chamavam de Ermitão (hoje acho que seria equivalente ao personagem de desenhos animados, Shrek). Meu jeito de ser, como de qualquer outra pessoa, em grande parte foi estruturado na infância. Dos 17 aos 21 anos cursei Engenharia Agronômica na Universidade Federal do Paraná e durante o curso lá estava meu estilo "ogro" de ser. Logo após me formar, fui trabalhar na Ciba Geigy, uma multinacional suíça, onde permaneci cinco anos e foi meu único emprego formal.

Tive a oportunidade de receber muitos treinamentos, fui promovido algumas vezes, e certa vez ouvi de um chefe que gostava muito de mim: "Sua velocidade de raciocínio e sua franqueza são excelentes, além disso você é uma força da natureza mas, às vezes, você intimida ou atropela as pessoas".

E concluiu: **"Você precisa encontrar um meio-termo para aproveitar toda sua impetuosidade, pois quem bate não lembra, mas quem apanha não esquece"**.

Ele tinha razão e alguns meses depois decidi mudar minha vida profissional. Seria quase impossível alguém com personalidade tão extrema como a minha ter um emprego tradicional. O ideal seria ter vários trabalhos simultâneos para aproveitar minha energia e, ao mesmo tempo, continuar acelerando, mas sem passar por cima das pessoas mais lentas.

Aos 26 anos iniciei a carreira solo e resolvi transformar meu estilo em uma profissão e ser remunerado para apontar coisas que poucas pessoas têm coragem de dizer, mas com fundamentação lógica e baseado em dados palpáveis. Percebi que meu modelo visual extremo poderia se transformar no meu maior talento. O desafio era ser sincero, sem ofender as pessoas; ser rápido sem atropelar; ser dominante, sem causar temor; ser perfeccionista sem ser chato. Os primeiros anos foram difíceis, mas fui me encontrando.

A entrada na área de treinamentos e consultorias foi gradativa, mas constante. Eu morava em Passo Fundo (RS) e comecei a ser convidado para dar seminários sobre gestão de pessoas, negociação e vendas em pequenas empresas que acabavam me indicando para outras regionais. Quando percebi, estava trabalhando no Brasil inteiro.

Continuei estudando, fiz pós-graduações e aprofundei meus estudos na neurociência comportamental. Aos 57 anos continuo com esse "jeitão", mas aprendi a ser mais habilidoso, usar o humor, ser menos inflexível e a escolher, com cuidado, o momento certo para dizer coisas delicadas, sem, contudo, deixar de ser assertivo.

Não virei o príncipe encantado, mas domestiquei o Shrek que habita minha alma. Desisti de mudar algumas fraquezas, apenas me adaptei a elas: como sou ruim de cálculo, contratei um contador. Como durmo cedo e sou antissocial, evito atividades noturnas e fujo de festas. Como tenho péssimo senso de orientação, ando de Uber ou uso GPS. Sou muito impaciente e, para atenuar o desconforto de esperar, ando sempre com algum livro, para ler em qualquer situação que me deixe inquieto.

Como consultor, funciono melhor em empresas que procuram quem – como é o meu caso – se disponha a colocar o "dedo na ferida" e apontar de forma construtiva onde existem problemas e como corrigi-los de maneira rápida e objetiva. Nos últimos trinta anos, coordenei a formação de universidades corporativas; executei programas para transformar jovens talentos em líderes; montei programas para formação de sucessores em empresas familiares; e ministrei centenas de treinamentos e palestras. Foram em média duzentos dias por ano contratando, reorganizando, avaliando os perfis, treinando, fazendo avaliações de desempenho e ajudando a gerar melhores resultados. Trabalhei todo esse tempo *in company*, ou seja, fazendo programas fechados para não mais que quatro ou cinco empresas por ano. Somando isso tudo, **tenho cerca de quarenta mil horas acumuladas de "prática deliberada".**

Tenho atendido clientes como Banco do Brasil, Bayer, Basf, Bourbon Hotéis, Correios, Unicasa, Fiat, Fiep, Livrarias Curitiba, Louis Dreyfus Company, Plaenge, Petrobras, Sadia e Sebrae, entre muitos outros, além de empresas do agronegócio como Agrotec, Belagrícola, Boa Vista, Cocamar, Cotrijal, Cvale, Lar, Matrisoja, Ourofino e Somax.

AUTOR PELO AUTOR

Entre 2010 e 2021, tive mais de mil participações na mídia, entre artigos, vídeos e entrevistas em vários veículos de comunicação, dentre eles os canais de televisão Globo, Bandeirantes, SBT, Record, GloboNews e GNT. Além de revistas, como *Exame*, *Época*, *Época Negócios*, *Veja*, *Você S/A* e *Você RH*, entre outras, e jornais como *Folha de S.Paulo*, *O Estado de S. Paulo*, *O Globo*, entre muitos outros. Já fui colunista nas rádios CBN, BandNews e Bandeirantes e fui comentarista em vídeos na EXAME.com.

Escrevi, em 2010, o livro *Por que a gente é do jeito que a gente é?*, cuja versão atualizada e ampliada você tem em mãos. Em 2013, *Seja a pessoa certa no lugar certo*, com versão atualizada em 2019. Em 2015, *Negocie qualquer coisa com qualquer pessoa*, com versão atualizada em 2020. Em 2017, *Gente que convence* e, em 2018, *Gente de resultados*. Somados, esses livros já venderam mais de 500 mil exemplares e permaneceram por mais de cem semanas nas listas de livros de negócios mais vendidos do país.

* * *

Para concluir, aprendi que apesar de ser muito trabalhoso, melhorar o acabamento pode significar enormes ganhos na qualidade de vida e no desempenho profissional. Como afirmei no começo deste livro, devemos nos comparar com quem éramos no passado e sermos melhores a cada dia. Acho que tenho conseguido...

Lagartixa não vira jacaré, mas pode aprender novos hábitos.

Agradecimentos

Especialmente à minha esposa Márcia que, além de me incentivar durante anos para escrever este livro, teve mérito especial em sugerir ajustes importantes e me deu muito apoio nos meses de execução desta obra.

Agradeço aos meus amigos, clientes, professores, empresários e consultores que, com conselhos e críticas, evitaram que eu cometesse alguns equívocos e me inspiraram melhorias significativas no conteúdo: Adriana Pereira, Ary Nogueira da Silva (*in memoriam*), Bruno de Andrade e Silva, Éverton Molina, Fabiane Polleto Bersch, Fábio Bedin, Fernando Fabian, Filipi Oliveira, Frank Zietolie (*in memoriam*), Heloísa Garrett, Irineo da Costa Rodrigues, Leoni Pedri, Marcos Pedri, Paulo Machado, Pedro Mandelli, Renato Casagrande, Vanderlei Jacoboski, Willian Almeida Guerreiro e Wilson Soler.

A todos, meu muito obrigado.

Referências bibliográficas

ARIELY, Dan. *Previsivelmente irracional:* como as situações do dia a dia influenciam as nossas decisões. Rio de Janeiro: Campus, 2008.

BOCK, Ana Mercês Bahia; FURTADO, Odair; TEIXEIRA, Maria de Lourdes Trassi. *Psicologias:* uma introdução ao estudo da psicologia. São Paulo: Saraiva, 1999.

BUCKINGHAM, Marcus; CLIFTON, Donald. *Descubra seus pontos fortes*: um programa revolucionário que mostra como desenvolver seus talentos especiais e os das pessoas que você lidera. Rio de Janeiro: Sextante, 2008

COLVIN, Geoff. *Desafiando o talento:* mitos e verdades sobre o sucesso. São Paulo: Globo, 2009.

DIAMOND, Jared M. *Armas, germes e aço:* os destinos das sociedades humanas. Rio de Janeiro: Record, 2009.

DUHIGG, Charles. *Mais rápido e melhor*: os segredos da produtividade na vida e nos negócios. Rio de Janeiro: Objetiva, 2016.

DRUCKER, Peter. *Desafios gerenciais para o século XXI*. São Paulo: Thomson, 1999.

ERICSSON, K. Anders; KRAMPE, Ralf T.; TESCH-ROMER, Clemens. *The Role of Deliberate Practice in the Acquisition of*

Expert Performance. The American Psychological Association, Inc. 1993.

ERICSSON, K. Anders; POOL, Robert. *Direto ao ponto*: os segredos da nova ciência da expertise. Belo Horizonte: Gutemberg, 2017.

FALCONI, Vicente. *O verdadeiro poder*: práticas de gestão que conduzem a resultados revolucionários. Nova Lima: INDG, 2009.

FERNÁNDEZ-ARMESTO, Felipe. *Os desbravadores:* uma história mundial da exploração da Terra. São Paulo: Companhia das Letras, 2009.

FREUD, Sigmund. *Chaves:* resumo das obras completas. São Paulo: Atheneu, 1998.

FRITZEN, Silvino José. *Janela de Johari:* exercícios vivenciais de dinâmica de grupo, relações humanas e de sensibilidade. Petrópolis: Vozes, 1996.

HARARI, Yuval Noah. *Uma breve história da humanidade*. Porto Alegre: L&PM, 2015.

HARRIS, Dan. *10% mais feliz*: como aprendi a silenciar a mente, reduzi o estresse e encontrei o caminho para felicidade – uma história real. Rio de Janeiro: Sextante, 2015.

HEATH, Chip; HEATH, Dan. *Gente que resolve*: como fazer as melhores escolhas em qualquer momento da sua vida. São Paulo: Saraiva, 2013.

HERCULANO-HOUZEL, Suzana. *A vantagem humana*: como nosso cérebro se tornou superpoderoso. São Paulo: Companhia das Letras, 2017

GARDNER, Howard. *Inteligências múltiplas*: a teoria na prática. Porto Alegre: Artmed, 1995.

GARDNER, Howard. *Estruturas da mente*: a teoria das inteligências múltiplas. São Paulo: Penso, 1994.

REFERÊNCIAS BIBLIOGRÁFICAS

GARDNER, Howard. *Mentes que mudam:* a arte e a ciência de mudar as nossas ideias e as dos outros. Porto Alegre: Artmed/Bookman, 1998.

GLADWELL, Malcolm. *Blink:* a decisão num piscar de olhos. Rio de Janeiro: Rocco, 2005.

GLADWELL, Malcolm. *Fora de série:* descubra por que algumas pessoas têm sucesso e outras não. Rio de Janeiro: Sextante, 2008.

GOLEMAN, Daniel. *Inteligência emocional:* a teoria revolucionária que redefine o que é ser inteligente. Rio de Janeiro: Objetiva, 1995.

GREENBERG, Herb; SWEENEY, Patrick. *O sucesso tem fórmula?:* você pode superar os seus limites e vencer do seu próprio jeito! Rio de Janeiro: Campus, 2007.

KAHNEMANN, Daniel. *Rápido e devagar:* duas formas de ver o mundo. Rio de Janeiro: Objetiva, 2011.

KAHNEMANN, Daniel; SIBONY, Oliver; SUNSTEIN, R. Cass. *Ruído:* uma falha no julgamento humano. Rio de Janeiro: Objetiva, 2021.

KNUDSEN, E. I.; HECKMAN, J. J.; CAMERON, J. L.; SHONKOFF, J. P. Economic, neurobiological, and behavioral perspective on building America's future workforce. *PNAs*, 5 jul. v. 103, 2006.

LANGANEY, André; CLOTTES, Jean; GUILAINE, Jean; SIMONNET, Dominique. *A mais bela história do homem:* como a Terra se tornou humana. Rio de Janeiro: Difel, 2002.

LENT, Roberto. *Cem bilhões de neurônios:* conceitos fundamentais de neurociência. São Paulo: Atheneu, 2004.

LEVITT, Steven; DUBNER, Stephen. *Freakonomics:* o lado oculto e inesperado de tudo que nos afeta. Rio de Janeiro: Campus, 2005.

LEWIS, Michael. *O projeto desfazer*: a amizade que mudou nossa forma de pensar. Rio de Janeiro: Intrínseca, 2017.

LINDSTROM, Martin. *A lógica do consumo:* verdades e mentiras sobre por que compramos. Rio de Janeiro: Nova Fronteira, 2009.

MANDELLI, Pedro. *Muito além da hierarquia:* revolucione sua performance como gestor de pessoas. São Paulo: Gente, 2001.

MLODINOW, Leonard. *Subliminar*: como o inconsciente influencia nossas vidas. Rio de Janeiro: Zahar, 2013.

MUKHERJEE, Siddhartha. *O gene*: uma história íntima. São Paulo: Companhia das Letras, 2016.

RIDLEY, Matt. *O que nos faz humanos:* genes, natureza experiência. Rio de Janeiro: Record, 2008.

SALVO, Vera Lúcia de; MORAIS, Antonio Rodrigues Douglas; BARUZZI, Roberto G.; PAGLIARO, Heloísa; GIMENO, Suely Godoy Agostinho. Perfil metabólico e antropométrico dos Suyá. Parque Indígena do Xingu, Brasil Central. *Rev. bras. Epidemiol.*, v. 12, n. 3, São Paulo, 2009.

SCHULTZ, Duane P.; SCHULTZ, Sydney Ellen. *Teorias da personalidade*. São Paulo: Thomson, 2002.

SHORE, Rima. *Repensando o cérebro*. Porto Alegre: Mercado Aberto, 2000.

SILVER, Nate. *O sinal e o ruído*: por que tantas previsões falham e outras não. Rio de Janeiro: Intrínseca, 2013.

TAYLOR, Jill Bolte. *A cientista que curou seu próprio cérebro*. São Paulo: Ediouro, 2008.

TALEB, Nassim Nicholas. *A lógica do cisne negro:* o impacto do altamente improvável. Gerenciando o desconhecido. Rio de Janeiro: BestSeller, 2008.

TIBA, Içami. *Disciplina:* limite na medida certa. Novos paradigmas. São Paulo: Integrare, 2006.

TORT, Patrick. *Darwin e a ciência da evolução.* Rio de Janeiro: Objetiva, 2004.

WAAL, Frans de. *Eu, primata:* por que somos como somos. São Paulo: Companhia das Letras, 2007.

WATTS, Duncan. *Tudo é óbvio*: desde que você saiba a resposta. São Paulo: Editora Paz e Guerra, 2011.

WELCH, Jack; BYRNE, John. *Jack definitivo*: segredos do executivo do século. Rio de Janeiro: Campus, 2001.

WINNICOTT, Donald. *Tudo começa em casa.* São Paulo: Martins Fontes, 1999.

WINSTON, Robert. *Instinto humano:* como os nossos impulsos primitivos moldaram o que somos hoje. São Paulo: Globo, 2006.

Artigos, links e teses

ANATOMIA da personalidade. São Paulo, *Veja*, 9 jul. 2010. Disponível em: https://veja.abril.com.br/saude/estudo-associa-personalidade-a-estrutura-cerebral/. Acesso em: 22 set. 2021.

ARAÚJO, Aline; LIBERATO, Silva; SILVA, Ana Lúcia Gomes da. *Processos do aprender:* as contribuições da Neurociência para formação de professores da educação infantil. Bahia, Universidade Estadual da Bahia, ago. 2015. Disponível em: https://educere.bruc.com.br/arquivo/pdf2015/20078_10211.pdf. Acesso em: 22 set. 2021.

O BOM de educar desde cedo. Entrevista com James Heckman. São Paulo, *Veja*, 22 set. 2017. Disponível em: https://veja.abril.com.br/revista-veja/james-heckman-nobel-desafios-primeira-infancia/. Acesso em: 22 set. 2021.

IGNORÂNCIA tem sexo. Coluna de Gilberto Dimenstein. *Folha de S.Paulo*, 13 ago. 2000. Disponível em: https://www1.folha.uol.com.br/fsp/cotidian/ff1308200020.htm. Acesso em: 22 set. 2021.

ESTAMOS emburrecendo. Coluna de Stephen Kanitz. 15 set. 2013. Disponível em: https://blog.kanitz.com.br/emburrecendo. Acesso em: 22 set. 2021.

EXISTE filho favorito? A ciência diz que sim. Curitiba, *Gazeta do Povo*, 5 set. 2019. Disponível em: https://www.semprefamilia.com.br/pais-e-filhos/existe-filho-favorito/. Acesso em: 22 set. 2021.

DAR 7.000 passos por dia reduz o risco de morte em até 70%. Rio de Janeiro, *O Globo*, 9 set. 2021. Disponível em: https://ge.globo.com/eu-atleta/saude/noticia/dar-7000-passos-por-dia-reduz-o-risco-de-morte-em-ate-70percent.ghtml. Acesso em: 22 set. 2021.

THE ROLE of Perceived Maternal Favoritism in Sibling Relations in Midlife. *Jornal of Marriage and Family*, 23 out. 2009. Disponível em: https://onlinelibrary.wiley.com/doi/abs/10.1111/j.1741-3737.2009.00650.x. Acesso em: 22 set. 2021.

USO da 'Teoria dos jogos' rende Nobel de Economia. *BBC Brasil.com*, 10 out. 2005. Disponível em: https://www.bbc.com/portuguese/economia/story/2005/10/051010_nobeleconomia. Acesso em: 22 set. 2021.

EXEMPLOS de neuromarketing e estratégias de sucesso empresarial. *IEBS*, 10 fev. 2021. Disponível em: https://www.iebschool.com/pt-br/blog/marketing/exemplos-de-neuromarketing-e-estrategias-de-sucesso-empresarial/. Acesso em: 22 set. 2021.

RICHARD Thaler ganha Nobel de Economia em 2017 por unir economia e psicologia. *O Globo*, 9 out. 2017. Disponível em: https://g1.globo.com/economia/noticia/premio-nobel-de-economia-vai-para-criador-da-teoria-da-contabilidade-mental.ghtml. Acesso em: 22 set. 2021.

NOBEL de Economia premia teoria aplicada também em políticas sociais. *O Globo*, 15 out. 2007. Disponível em: http://g1.globo.com/Noticias/Mundo/0,,AA1653895

-5602,00-NOBEL+DE+ECONOMIA+PREMIA+TEORIA+APLICADA+TAMBEM+EM+POLITICAS+SOCIAIS.html. Acesso em: 22 set. 2021.

NEUROLOGISTA explica diferenças entre cérebros masculinos e femininos. Entrevista com Ricardo Teixeira. *Correio Braziliense*, 12 dez. 2016. Disponível em: https://www.correiobraziliense.com.br/app/noticia/revista/2016/12/12/interna_revista_correio,561002/neurologista-explica-diferencas-entre-cerebros-masculinos-e-femininos.shtml. Acesso em: 22 set. 2021.

AFINAL, existe diferença entre o cérebro masculino e feminino? Entrevista com o neurologista Fabiano de Abreu. *Portal UOL*, 9 mar. 2021. Disponível em: https://aventurasnahistoria.uol.com.br/noticias/reportagem/elas-e-eles-existe-diferenca-entre-o-cerebro-masculino-e-feminino.phtml. Acesso em: 22 set. 2021.

AS 7 APLICAÇÕES do neuromarketing no varejo. *Startse.com*, 23 ago. 2018. Disponível em: https://www.startse.com/noticia/startups/retailtech/as-7-aplicacoes-do-neuromarketing-no-varejo. Acesso em: 22 set. 2021.

15 APLICAÇÕES poderosas de neuromarketing em ação. *Incomumdigital.com*, 4 ago. 2020. Disponível em: https://incomumdigital.com.br/15-aplicacoes-poderosas-de-neuromarketing-em-acao/. Acesso em: 22 set. 2021.

Leia também:

EDUARDO FERRAZ

GENTE QUE CONVENCE

COMO POTENCIALIZAR SEUS TALENTOS, IDEIAS, SERVIÇOS E PRODUTOS

Planeta ESTRATÉGIA

Frequentemente você precisa convencer alguém de algo: sua competência profissional; seu valor em um relacionamento afetivo ou a qualidade de seus produtos e serviços. Portanto, é fundamental identificar e utilizar as características de sua personalidade que aumentam sua autoconfiança, bem como aplicar técnicas para aprimorar seu poder de persuasão. Nesse livro, o autor propõe um método prático, que dará ferramentas para potencializar sua capacidade de convencimento e, assim, melhorar significativamente seus resultados pessoais e profissionais.

"Como contratar, preparar, motivar e liderar profissionais de alto rendimento, sem ser especialista no assunto?"

Para responder a essa pergunta fundamental, o autor, baseado em mais de 30 anos de experiência em consultorias e treinamentos, preparou um manual prático para gestores que gostariam de obter excelentes resultados em sua atividade profissional, e mostra, de forma objetiva, como formar equipes compactas de altíssimo potencial.

O que o faz diferente da maioria? Quais são suas características mais marcantes? Que ferramentas você possui para alcançar seus objetivos? O que gostaria de mudar? Tem a sensação de que poderia assumir outros caminhos, mas não sabe por onde começar?

Este livro oferece essas e outras respostas por meio de uma metodologia baseada em pesquisas e nos conceitos mais modernos da neurociência comportamental, além da experiência de mais de trinta anos do autor como consultor em gestão de pessoas. O objetivo é aprimorar seu autoconhecimento e ajudá-lo a decidir o que fazer e onde chegar em sua jornada profissional.

Pouca gente é capaz de ser bem-sucedida no trabalho ou na vida pessoal se não souber negociar o básico no cotidiano. Por isso, se você não sabe ou tem dificuldade para desenvolver essa habilidade, está correndo o risco de ter grandes prejuízos financeiros e emocionais, pois negociações ruins costumam prejudicar o trabalho, os relacionamentos e o dia a dia de qualquer um. Neste livro, o autor best-seller, consultor e palestrante Eduardo Ferraz apresenta técnicas práticas para você obter ótimos resultados em pequenos e grandes acordos ao negociar qualquer coisa com qualquer pessoa.

**Acreditamos
nos livros**

Este livro foi composto em Chaparral Pro
e impresso pela Geográfica para a Editora
Planeta do Brasil em março de 2022.